VIE
DE SAINT MÉNELÉ

VIE
DE SAINT MÉNELÉ

AVEC UN ABRÉGÉ DE LA VIE

DE SAINT SAVINIEN

SES RELIQUES, SON CULTE

Par l'abbé L. PERSIGAN, chanoine

DU MANS

Laudemus viros, gloriosos et parentes nostros in generatione sua.

Célébrons la gloire des hommes qui sont nos pères, et dont nous sommes les descendants. (*Eccl.* ch. XXXXIV, v. 1.)

LE MANS

LEGUICHEUX-GALLIENNE, LIBRAIRE-ÉDITEUR

16, RUE BOURGEOISE, ET RUE MARCHANDE, 15

1877

AVERTISSEMENT

Les habitants de Précigné doivent être fiers de compter parmi leurs aïeux une illustration des plus pures. Sa naissance, son éducation première au milieu d'eux, son nom, ses vertus font leur gloire ; mais ce qui est plus glorieux encore, l'Église l'a couronné de l'auréole de la Sainteté, en lui donnant une place sur ses autels. Ce noble enfant de Précigné, nous le connaissons, nous l'aimons ; c'est saint Ménelé.

Les récits de sa vie édifiante plus d'une fois ont charmé les loisirs au foyer des familles ; mais on ne pouvait redire que quelques faits isolés, et transmis par les ancêtres. On n'avait rien d'écrit.

Dans la mesure de nos moyens, nous avons essayé d'y remédier. Dans cette entreprise, le voisinage de la bibliothèque publique du Mans, où sont entassés tant de précieux documents historiques, nous a été d'un grand secours. En ce vaste champ, nous avons pu glaner, çà et là, ce que les savants ont raconté de saint Ménelé. Nous en avons formé ce modeste travail, puisse-t-il être de quelque utilité.

Nous sommes heureux de l'offrir aux habitants de Précigné, à l'époque même où l'insigne Église du Mans, à ce autorisée par le Saint Siége, vient d'admettre, au propre de ses Saints, la mémoire de notre bien-aimé compatriote.

DÉCLARATION

Pour nous conformer aux sages prescriptions de l'Église, nous déclarons ne donner à nos récits, qu'une valeur historique. Ainsi dans les légendes, révélations, miracles dont il est parlé dans cet opuscule, loin de nous la pensée de prévenir le jugement du Saint-Siége, auquel nous sommes et voulons être toujours dévoué et soumis.

VIE DE SAINT MÉNELÉ

INTRODUCTION

Quelques réflexions sur les anciennes légendes, et en particulier sur celle de saint Ménelé.

Dans le moyen âge, les écrivains les plus obscurs, en retraçant dans de naïves légendes ce qu'on croyait de leur temps, ce dont ils avaient été témoins, ont rendu de vrais services à la science. On ne peut connaître un siècle, ses mœurs, ses usages que par ce que nous en ont raconté les contemporains. C'était dans sa cellule que le cénobite copiait les manuscrits qui nous sont parvenus. C'était dans les monastères que la littérature, les arts trouvaient un asile. De là ces histoires précieuses, ces chroniques édifiantes, ces pieuses biographies qui offrent au vrai savant tant d'intérêt et même tant de charme.

M. Guizot lui-même (1) n'a pas dédaigné les écrits du moine Ordéric Vital, Châteaubriand n'a-t-il pas fait l'éloge du passé gothique et des vieilles abbayes. Ne compare-t-il pas ces moines, enchaînés aux pieds des autels, à des ouvriers ensevelis au fond des mines d'or, qui envoient à la terre, des richesses dont ils ne jouiront pas (2). M. de Montalembert a étudié avec respect et amour, ce qu'il appelait les délicieuses traditions des fidèles à la foi (3).

Les anciennes légendes si répandues, si goûtées autrefois, la science s'efforce de les faire sortir de l'oubli. Mais notre siècle sceptique s'insurge devant les faits où intervient le merveilleux ; et sans se donner la peine de séparer l'or du sable grossier qui le recouvre, il nie tout, il rit de tout, ce qui est plus facile que rationnel.

---

(1) *Collection des Mémoires relatifs à l'histoire de France*, 4me volume.

(2) *Études historiques*.

(3) *Introduction à l'histoire de sainte Élisabeth*.

Nous sommes loin de vouloir certifier, sur tout point, l'exactitude des légendes du moyen âge, de ses pieuses traditions. Un faux zèle a pu altérer, embellir certains faits : s'il ne faut pas tout accueillir sans discernement, il ne serait pas juste non plus de tout repousser avec mépris et dédain.

La légende de saint Ménelé, que nous allons raconter, a été extraite d'un vieux manuscrit trouvé autrefois dans les archives du monastère de Ménat en Auvergne. C'est l'œuvre d'un inconnu. Le savant Mabillon, les Bollandistes, l'ont reproduit en ajoutant des commentaires et des notes critiques. Baillet, Bulteau, Lecointe, Labbe, et tous les historiens qui ont parlé de saint Ménelé, n'ont pas puisé à d'autres sources, croyons-nous.

L'ancienneté du manuscrit, nous le rend précieux ; mais ce qui lui donne de la valeur, comme document historique, c'est lorsqu'il nous raconte des faits qu'on retrouve reproduits : 1° Dans la vie de saint Vance ou Vincentien, écrite par le diacre Hérimbert auteur contemporain ; 2° dans les écrits du moine Smaragde qui a composé la vie de saint Benoît d'Aniane ; (1) 3° dans la vie de saint Chaffre.

Les écrits simples, les naïfs détails, la tendre piété qui domine dans ce manuscrit, nous donnent une idée du siècle qui l'a dicté en fournissant sur les mœurs monastiques, voire même sur la littérature des renseignements utiles.

« Trouvez-moi d'autres auteurs plus habiles du même temps, » a dit Fleury en parlant des moines du moyen âge.

La légende de saint Ménelé a traversé onze siècles, en a subi les épreuves et la critique. Quand les hommes les plus versés dans la science historique, se sont appuyés sur elle pour célébrer les actions du restaurateur du monastère de Ménat, on peut bien dire que cette légende, que confirment tant de monuments, tant de traditions locales a, pour le fond, une valeur historique précieuse et incontestable, surtout si on se rappelle que l'époque où vivait saint Ménelé était une époque de troubles, de confusion ;

(1) Fleury dit que l'abbé Smaragde fut illustre par sa piété et ses écrits.

qu'un nuage épais plane sur les événements, et nous en dérobe bien des particularités. *Dum tempora adeò perturbata sunt, certiora argumenta non suppetunt.* (*Bollandistes in vitâ Menelei*).

CHAPITRE PREMIER

Nom de Ménelé. — Sa patrie. — Lieu précis de sa naissance.

Ménelé, en latin *Meneleus, Menelaus*, est aussi appelé en divers lieux, Mauvis, Manevieu, Meleré : ce dernier nom se trouve dans le grand martyrologe, et dans le martyrologe gallican.

L'orthographe de ce nom n'est pas la même partout : les uns écrivent Ménelée, les autres retranchent un e, et écrivent Ménelé. Nous avons adopté cette dernière orthographe comme la plus en usage dans notre pays.

Saint Ménelé naquit en Anjou : tous les légendaires le répètent. Les anciens bréviaires de l'Anjou et de l'Auvergne s'accordent sur ce point : le propre des Saints du diocèse de Clermont unit sa voix à celle de plus de onze siècles, et proclame, avec tous les martyrologes, que saint Ménelé eut pour patrie l'Anjou.

Précigné fut le lieu de sa naissance. Les Bollandistes, le 22 juillet, disent que sa patrie fut l'Anjou, et le lieu de sa naissance, la villa de Précigné : *patriâ natus Andegavensi; villâ natus Prisciniâ.*

Mabillon affirme que saint Ménelé naquit à Précigné, bourg de l'Anjou, non loin du ruisseau d'*Enfernel*, *ad amnem infernum*, qui se jette dans la Sarthe. Baillet, Bulteau conviennent d'une manière positive que saint Ménelé prit naissance à Précigné. Il n'y a pas d'autre Précigné en Anjou, sur les bords du ruisseau d'Enfernel. Les évêques d'Angers, dans leurs procès verbaux concernant les reliques de saint Ménelé, ont toujours reconnu Précigné pour le lieu de sa naissance.

Bien plus, nous connaissons à Précigné le lieu précis, où cet illustre saint reçut le jour : il se nomme les Parillés (1). C'était,

---

(1) *Parilia*, *Pariliorum*. D'après les auteurs latins, ce nom rappelait les fêtes qu'on célébrait autrefois dans les campagnes, en l'honneur du dieu

croyons-nous, une ancienne villa devenue habitation seigneuriale, située au milieu d'une fertile campagne, à environ trois kilomètres du bourg, au sud-ouest. Les restes de cet antique manoir, servent actuellement de demeure à deux fermiers. Une tradition constante et immémoriale; une vieille chapelle dédiée à saint Ménelé, construite dans le voisinage des Parillés ; des reliques bien authentiques qu'on y vénère ; un pèlerinage fréquenté; le voisinage du ruisseau d'Enfernel, dont parle Mabillon; des récits populaires, des miracles opérés en ces lieux par saint Ménelé, établissent d'une manière péremptoire qu'il naquit aux Parillés, sur le territoire de la villa de Précigné appartenant alors à l'Anjou. Précigné ne fut réuni au diocèse du Mans qu'en 1801.

Un jour, dans une excursion archéologique, nous découvrîmes aux Parillés, des substructions en petit appareil. Les restes négligés d'anciennes douves, des murs d'enceinte, un immense portail détruit il y a

---

des bergers. « *Voir le dictionnaire octolingue d'Ambroise Calpin, au mot Parilia.* »

peu d'années; les débris d'énormes pavés dans la vaste cour, témoignaient encore de l'importance d'autrefois du château des Parillés, dont de modernes constructions font disparaître, de jour en jour, les traits nobles et anciens.

CHAPITRE II

Famille de saint Ménelé. — Sa noblesse. — Époque probable de sa naissance.

La famille de saint Ménelé était noble, et même alliée à la maison royale de France. Ceci se trouve consigné dans la légende de notre saint, dans la vie de saint Benoît d'Aniane, et dans le propre des Saints du diocèse de Clermont (1). Les ancêtres de Ménelé descendaient-ils d'Héraclius, empereur de Constantinople, et vinrent-ils de contrées lointaines prier au tombeau de saint Martin de Tours, et fixer ensuite leur demeure à Précigné ? Quelques auteurs l'ont raconté ; ce qui est certain, c'est que le père de notre saint devint seigneur de la terre des Parillés, et était puissant en Anjou :

(1) *Regio semine, ut fertur, natus.*

Mabillon lui donne même le titre de duc ; *dux Andegavorum.* Il s'appelait Amanulfe, son épouse se nommait Docule.

De ce mariage naquirent deux enfants : Ménelé dont nous écrivons la vie, et une fille nommée Bocule. Nous avons cherché inutilement le nom d'un troisième enfant : aucun des nombreux auteurs que nous avons consultés, n'en fait mention ; ce qui en a été dit, doit donc être considéré comme une histoire fabriquée à plaisir. La sœur de Ménelé, paraît-il, ne se maria jamais. Nous la verrons plus tard, se consacrer à Dieu, sous la conduite de son frère.

Nous ignorons l'année précise de la naissance de celui-ci ; mais l'époque de sa mort, arrivée vers 720 (1), nous permet de faire le calcul approximatif suivant : Tous les historiens s'accordent à dire que saint Ménelé gouverna longtemps son monastère (*diù*). Supposons quarante ans ; adjoignons sept ans pas-

(1) Nous suivons l'opinion du martyrologe romain, des Bollandistes, de Baillet, de Mabillon, de Godescar et de plusieurs autres historiens qui n'ont pu donner une date plus précise.

sés à Carméry, et une année de voyage pour se rendre en Auvergne ; ajoutons dix-huit ans, quand ses parents voulurent le marier; la réunion de ces années de sa vie, forment un total de soixante-six ans. Déduisons ensuite 66 de 720, nous arrivons, dans notre supposition, à l'année 654, c'est-à-dire, vers le temps de Clovis II, et de sainte Bathilde son épouse. Ainsi saint Ménelé naquit au château des Parillés, vers l'année 654.

CHAPITRE III

Jeunesse de Ménelé, dans la maison paternelle. — Récits populaires.

Dès l'âge le plus tendre, Ménelé fit présager sa sainteté future. Sa mère qui avait entouré son berceau de tant de soins et de tendresse, cultiva les dispositions naissantes de cet enfant de bénédiction. Elle formait insensiblement son cœur à la vertu, et en éloignait tout ce qui aurait pu en ternir la pureté. O heureux l'enfant à qui le ciel a donné une telle mère !

L'arbre planté sur le bord des eaux se couvre d'un riche feuillage, porte des fruits dans son temps : ainsi le jeune Ménelé croissait en âge et en sagesse, sous les yeux de ses parents, dont il faisait la joie et le bonheur. Cet aimable enfant était transporté d'une douce joie, quand ses faibles mains versaient d'abondantes aumônes dans le sein des pauvres. L'innocence de sa vie, la candeur de son âme, inspiraient le respect à tous ceux qui l'approchaient. A peine eût-il atteint l'âge de sept ans qu'il se consacra au Seigneur, en faisant vœu de chasteté. *Annum vix agens septimum, castitatem vovit.*

Sous l'empire du vice, un abîme appelle un autre abîme : on peut dire aussi, que sous l'empire de la vertu, une grâce en appelle une autre. Ménelé fuyait jusqu'à l'ombre du mal ; condamnant par sa sage conduite tant de jeunes gens qui recherchent les dangers, les écueils du monde, et y périssent. Il veillait à la garde de son cœur ; la prière était l'aliment de sa piété, et la source où il puisait sa force. Plus d'une fois, il trompa la vigilance de son père, en allant prier aux portes des églises. Un jour, Amanulfe le surprit dans ce pieux exercice ; il l'en punit sévèrement, et lui ordonna de retourner au plus vite près de sa mère. L'enfant s'empressa d'obéir avec une admirable docilité.

L'église, à la porte de laquelle saint Ménelé allait prier, était, croyons-nous, la chapelle de Saint-Martin de Précigné, que desservaient des moines de Marmoutier. Du moins, des chartes confirmatives de Charlemagne semblent assurer que longtemps avant le huitième siècle, les moines de Saint-Martin de Tours, possédaient la villa de Précigné, avec son église (1) : *cum capellâ.*

Le père de Ménelé voyait son fils grandir sous ses yeux ; il faisait reposer sur lui ses plus flatteuses espérances. Pour le former à la direction des affaires, il lui en confiait volontiers l'exécution. Dans sa sagesse le jeune seigneur terminait les différends, répondait aux plaintes et aux réclamations. Jamais on ne le quittait que le cœur content.

Son père, charmé de si heureuses dispositions, s'effaçait le plus possible ; il espérait par là, obtenir de ce fils bien-aimé plus de soumission à ses desseins ; il semblait prévoir ce qui arriva.

Ménelé entourait ses parents de respect, des prévenances les plus tendres, sans oublier jamais ce qu'il devait à Dieu. Les domestiques trouvaient en lui un modèle de charité, de douceur et de piété.

---

(1) *Dom Martène,* 1 vol. bibl. nov.

Des récits populaires, transmis d'âge en âge, mentionnent plusieurs miracles opérés par lui à Précigné. Ces traditions ont traversé les siècles.

Loin de nous la prétention de leur donner plus d'importance qu'ils ne méritent; mais ce sont des épisodes qui témoignent de l'idée qui s'est conservée dans le pays de la sainteté de Ménelé.

Afin que l'esprit de critique ne puisse nous accuser de donner à ces naïfs récits, la même valeur qu'à l'histoire authentique, nous avons jugé bon de ne les raconter qu'à la fin de cet opuscule, nous y renvoyons le lecteur.

CHAPITRE IV

Ses parents veulent le marier. — Leurs instances inutiles. — Sa fuite de la maison paternelle.

Le septième siècle, a dit Mézeray, fut celui de la chaleur monastique. Il n'était pas rare de voir de riches personnages quitter leurs familles, pour aller s'ensevelir tout vivants dans la profondeur des déserts, et s'y sanctifier loin du tumulte et des dangers du monde. Le Maine, entre autres contrées, devint comme une Thébaïde peuplée de pieux solitaires, que les évêques quelquefois chargeaient d'évangéliser les campagnes, et de détruire les restes des superstitions païennes.

Les parents de Ménelé craignirent-ils que sa grande piété, que son amour pour la retraite, ne le portassent à suivre l'exemple de tant d'autres? ou bien des vues intéressées ne les dominaient-ils point? Toujours est-il qu'ils songèrent à le marier de bonne heure. Dans son enfance, ils l'avaient fiancé à la fille d'un puissant seigneur, nommé Baronte, fils de Béralde, duc d'Aquitaine : la chronique de Frédegaire dit qu'il se rendit célèbre par ses violences. La suite nous dira quelque chose du fils qui devint un des bienfaiteurs du monastère de Saint-Ménelé. Baronte habitait une villa appelée *villa Nantiniaca* (1). Ce seigneur désirait vivement avoir Ménelé pour gendre ; et même, en signe de grande satisfaction, il lui avait envoyé un anneau d'un grand prix. Sa fille s'appelait Sense.

Quand Ménelé entend les uns et les autres le féliciter de son brillant mariage, il reste triste et pensif. Ses parents s'aperçoivent de sa répugnance. Ils le pressent ; font briller à ses yeux les honneurs, les richesses.

---

(1) *Nantiniaca* adjectif possessif : c'est-à-dire villa *Nantinii* ou *Nantiniæ*. Cette villa était Nantilly, en Anjou, située près de Saumur, sur les bords de la Loire. Ce lieu était autrefois la première paroisse de la contrée, son église était qualifiée du nom d'église mère. (*Congrès arch.* Tome XXVI, page 221).

Les égards affectueux qu'on lui prodigue, ne font qu'augmenter les tourments de son âme. Désespérant de vaincre la résis tance de son fils, un jour, Amanulfe s'adresse à son épouse, et la charge d'obtenir le consentement désiré. Il espère que les prières d'une mère seront plus puissantes que les siennes. « Seigneur, lui répondit-elle, vous connaissez les sentiments de Ménelé, plus que jamais, il tient à la promesse qu'il a faite à Dieu ; je le prévois, et je vous le dis avec peine, je ne serai pas plus heureuse que vous. » A ces mots, Amanulfe outré de dépit, brutalement soufflète son épouse. Ce n'est pas tout, il s'arme d'un bâton, va trouver Ménelé, et l'en frappe cruellement (1). L'enfant ne répond que par ses larmes. Le père ose espérer que la réprimande qu'il vient d'infliger sera couronnée de succès. Il fait préparer les fêtes du mariage, et y invite une nombreuse assistance. Ménelé le sait : il souffre, il se rappelle ces

(1) Les mœurs de l'époque avaient encore quelque chose de la rudesse barbare que la religion fit disparaître.

paroles du Sauveur: *Celui qui quitte père, mère, frères, sœurs, pour me suivre, en sera récompensé au centuple.....* Il consulte, il prie Dieu avec instance..... Enfin le parti de ce généreux enfant est pris: il va renoncer à tout, pour tout gagner.

Le jour des noces est fixé; les habitants du château sont joyeux, à l'exception d'un seul. Le futur époux à qui on veut arracher un consentement forcé, médite un suprême adieu à ces lieux de son enfance, où on lui livre un si terrible combat. Il confie son secret à deux jeunes domestiques, déterminés à le suivre. L'un s'appelle Savinien et l'autre Constance (1). Ils sont tous deux de Précigné (2). Ils préparent avec une parfaite discrétion l'exécution de leur projet. Enfin arrive la veille des noces. Pendant la nuit,

---

(1) *Cum duobus domesticis Saviniano et Constancio.*

(2) Nous le dirons plus tard, Savinien succéda à saint Ménelé dans la charge du monastère de Ménat. Savinien a toujours été vénéré comme Saint par l'Église. Sur certains calendriers, il porte le nom de saint Savinien de Précigné, Constance n'est point vénéré comme Saint.

lorsque tous les habitants du château se reposent avec l'espoir de jouir d'un si beau lendemain, Ménelé quitte secrètement la maison paternelle, prend la fuite accompagné de ses deux amis.

Ces trois enfants de Précigné, dans la crainte d'être poursuivis, prennent des sentiers détournés et s'éloignent précipitamment des terres des Parillés. Ah ! sans doute il en coûtait au cœur du sensible Ménelé de quitter sa mère, et tant d'objets qui lui étaient chers ; mais Dieu l'appelait, comme autrefois il appela Abraham. Il le voulait tout entier ; il n'y avait point de partage possible.

Je me représente ce jeune seigneur, cheminant sous un habit pauvre, lui qui quitte tant de richesses. O cher compatriote, vous abandonnez ce lieu de votre naissance pour ne plus y revenir pendant votre vie mortelle ; dans vos affections, ne l'oubliez jamais !

CHAPITRE V

Consternation au château des Parillés. — Ménelé dirige ses pas vers les déserts de l'Auvergne. — Il est admis au monastère de Carméry et y passe sept ans.

Il serait difficile de décrire ce qui se passa au château des Parillés, quand la nouvelle de la fuite de Ménelé s'y répandit. Quel réveil dans ce jour de fête ! quelle consternation dans les familles ! on s'interroge, on délibère, on accuse, on est frappé comme d'un coup de foudre. Amanulfe, Baronte, se livrent à des récriminations plus ou moins violentes. Les femmes pleurent ; la fiancée, délaissée, renonce tristement aux habits précieux qui lui ont été préparés. Elle est veuve avant d'être mariée.

Pendant ce temps, nos trois fugitifs pressent le pas ; ils ne perdent pas un instant ; ils dirigent leur course vers les montagnes abruptes de l'Auvergne; ils ont appris que dans ce pays, de pieux solitaires travaillent à leur sanctification. Pour y parvenir, ils ont à supporter les fatigues d'un long voyage. Enfin ils arrivent dans les profondes vallées de la basse Auvergne. Mais où planter leur tente? l'auteur de la vie de saint Chaffre nous raconte qu'un jour, au milieu des grandes chaleurs du mois de juillet, ils erraient dans le désert, sans savoir où la Providence les conduisait. Tout à coup, ils aperçoivent dans un vallon un religieux assis à l'ombre d'un arbre. C'était saint Chaffre, aussi appelé saint Théofrède, procureur du monastère de Carméry (1), qui se reposait, et prenait une légère réfection. Il avait entrepris un voyage pour les affaires de sa communauté.

La vue de cet homme vénérable les remplit de joie et d'espérance ; ils en rendent grâces à Dieu. Ménelé l'aborde respectueusement, et avec l'accent de sa douceur ordinaire, il le prie de vouloir bien leur indiquer une maison de retraite où ils désirent

---

(1) Ce monastère était située à quatre lieues de la ville du Puy en Velay.

servir Dieu. Mais répond le solitaire : « quelle « est votre patrie, votre nom et celui de « vos parents ? et surtout quels sont les « motifs qui vous amènent dans ces lieux ? « Ma patrie, reprend Ménelé, c'est l'Anjou ; « le lieu de ma naissance c'est Précigné (1) ; « le nom de mon père c'est Amanulfe ; « je m'appelle Ménelé. » Il raconte ensuite pourquoi il a fui la maison paternelle, et exprime un grand désir d'entrer dans un monastère où il travaillera à sa sanctification. Charmé des réponses si nettes et si franches de Ménelé : « jeunes étrangers, reprit le bon « religieux, suivez-moi : je vais vous con- « duire moi-même au monastère que j'ha- « bite ; vous y trouverez, je l'espère, ce que « vous cherchez. » Quelle joie pour nos pieux voyageurs ? après de longues pérégrinations, ils trouvent un lieu de repos : c'est le port après la tempête. Ils suivent joyeux leur guide, ils arrivent enfin à Carméry. Saint Chaffre les présente à saint Eude son oncle, alors abbé du monastère. Ce vénéra-

(1) *Patriâ natus Andegavensi, villâ natus Prisiniâ.*

ble vieillard les accueille avec bonté, il les interroge, et les admet au nombre des siens. Au comble de leurs vœux, nos pieux compatriotes donnent avec une sainte ardeur l'exemple des vertus religieuses. Ménelé surtout était un modèle d'obéissance, d'humilité, de renoncement à sa propre volonté. De jour en jour, il se fortifiait dans l'étude des saintes lettres, et dans la science qui fait les saints : *eruditione divinâ, et litterali roboratur;* on voit par ce texte du légendaire que dès ces temps anciens, les lettres étaient cultivées dans les monastères.

Ménelé passa sept ans dans cette sainte maison, qui fut pour lui un précieux noviciat, et une halte sur le chemin du ciel.

CHAPITRE VI

Ménelé quitte Carméry. — Retourne dans la vallée où il fit autrefois la rencontre de saint Chaffre. — Il rebâtit le monastère de Ménat. — Sa mère, sa sœur, son ancienne fiancée, le visitent et embrassent la vie religieuse, dans une maison qu'il leur bâtit loin de la sienne.

Sept ans s'étaient écoulés depuis l'entrée de Ménelé à Carméry ; il trouvait son bonheur dans le silence de la solitude. Pendant une nuit, dans le calme de la communauté qui avait interrompu le chant des psaumes pour prendre du repos, Ménelé entend une voix qui l'appelle par trois fois : Ménelé, Ménelé, Ménelé ? le saint religieux écoute... il se lève : qui êtes-vous, répond-il, pour m'appeler ainsi ? Ne crains point, reprend la voix : « Prends Savinien avec toi, quitte « ce lieu, va, sans tarder, retrouver la soli« tude où, il y a sept ans, tu as rencontré un

« religieux de Carméry ; là, on te dira ce « que tu devras faire. »

Le lendemain matin, Ménelé préoccupé de cette visite extraordinaire, s'empresse d'aller trouver son supérieur le confident de ses pensées, et de lui raconter ce qui lui est arrivé pendant la nuit. Saint Eude reconnaît la volonté de Dieu ; loin de détourner ce cher fils de ce que le ciel demande de lui, il l'encourage. Avant son départ, il le bénit, l'embrasse tendrement en versant des larmes.

Ménelé quitte donc ce pieux asile où il s'est formé à la vie cénobitique. Il est accompagné de Savinien et de Constance.

Ils ne tardèrent pas à retrouver la vallée qu'arrose la Sioule, à sept lieues de Clermont environ. C'est là que le ciel veut qu'ils établissent leur demeure (1). Ils trouvent en ce lieu les ruines éparses d'un ancien monastère appelé Ménat, fondé autrefois sous Clovis, et où saint Avit, saint Calais et tant d'autres s'étaient sanctifiés. Ce monastère avait été saccagé en 595 (2).

---

(1) *Vita Theofredi.*
(2) *Fleury*, livre XXXII.

A l'aspect de ces murailles qui rappellent de si édifiants souvenirs, Ménelé se sent pressé de les relever. D'abord nos trois jeunes solitaires, s'abritent dans un modeste réduit. La providence, comme une mère attentive, les nourrit d'une manière merveilleuse ; c'est le cas de dire que

Dieu prodigue ses biens
A ceux qui font vœu d'être siens.

A la présence de ces nouveaux habitants, la solitude de Ménat semble tressaillir d'allégresse (1). Les échos de la vallée vont reprendre vie, et retentir du chant des psaumes et des accents de la prière.

Ménelé confie le soin de son entreprise au Dieu qui lui en a donné l'idée. Il redouble de courage et de ferveur. Son humble vertu, comme la fleur cachée sous l'herbe, exhale un parfum de sainteté qui fit découvrir sa retraite. Ses prières, sa vie mortifiée, ses œuvres merveilleuses portèrent leurs fruits. Des âmes généreuses vinrent à son secours dans la reconstruction de son monas-

(1) *Latabuntur deserta et exsultabit solitudo.* Isaïe, 4, 39.

tère (1). Savinien et Constance le secondaient admirablement. Des hommes dégoûtés du monde, ambitionnent d'être admis sous la conduite de ce saint personnage, et grossissent les rangs de cette pieuse colonie. La renommée aux cent voix publia le nom de Ménelé. Il retentit en Anjou, aux oreilles de la mère du saint Abbé; elle vivait encore. Amanulfe était mort, du moins il n'en est plus parlé. Dans un âge même très-avancé (2), la tendresse d'une mère ne tient point compte des difficultés d'un long voyage. Elle part accompagnée de Bocule sa fille, et de Sense ancienne fiancée de Ménelé. Elle va revoir son fils! son fils qui lui a fait verser tant de larmes, et dont la sainte enfance lui rappelle de si tendres souvenirs. Elle arrive à Ménat..... ô que la première entrevue du fils et de la mère dût être touchante, et aussi que n'avait-il pas à dire à sa sœur, et à la fille de Baronte ? Il les entretient avec tant d'onction et de force, de la vanité des choses de ce monde dont la figure passe comme une

(1) Saint Ménelé a toujours été considéré par tous les historiens, comme le restaurateur de Ménat.

(2) *Decrepitæ ætatis.*

ombre légère, qu'elles se déterminent à dire adieu aux richesses de la terre, et à embrasser la vie religieuse. Sur l'avis de Savinien son conseiller intime, Ménelé leur fit bâtir une maison à environ une lieue de son monastère, où de plein gré, elles se consacrèrent au Seigneur. Leur maison fût bâtie en quarante jours (1), et dédiée à la B. V. Marie, et plus tard, prit le nom de Notre-Dame de Lisseule.

Après le départ de Ménelé de la maison paternelle, Sense, délaissée, songea-t-elle à contracter un autre mariage! nous sommes porté à croire le contraire; surtout quand nous la voyons accompagner à Ménat la mère de son fiancé d'enfance. Quand elle se consacre à Dieu, aucun empêchement de famille ne s'oppose à sa détermination. On dirait que la mère de Ménelé l'avait adoptée pour sa fille; et que Sense avait toujours considéré la châtelaine des Parillés comme sa mère. Aussi, la sœur du saint Abbé, sa mère, Sense viennent-elles le visiter comme en famille.

(1) Mabillon *acta* 55, tome XV, raconte qu'un ange fixa l'emplacement de la maison, à Savinien.

CHAPITRE VII

Baronte, dans l'intention de se venger, va trouver Ménelé. — Il est puni. — Baronte se convertit. — Il comble de bienfaits le monastère de Menat. — Celui-ci est incendié et ensuite réparé.

Le seigneur Baronte apprend le voyage de sa fille, et ses engagements à la vie religieuse. Un de ses serviteurs lui a rapporté que Ménelé abuse de la crédulité de sa fille pour la renfermer dans un cloître. Il ajoute : *je connais les lieux, je suis disposé à vous y conduire.* A ce récit d'un vil délateur, Baronte ne peut contenir son indignation : de dépit, il déchire ses habits ; il se vengera... Il rassemble 240 hommes armés, il part à leur tête ; les laisse sur le territoire de l'Issoudunois (1) et va trouver Ménelé. Celui-ci

(1) Il paraît que l'Issoudunois faisait partie des terres de Baronte : plus loin nous verrons saint

en est averti; il va tranquillement au-devant de son agresseur, et l'accueille avec bonté. Baronte ne connaît pas Ménelé ; mais sur l'indication de son indigne flatteur, Baronte furieux s'avance vers lui, accompagné de *saint Viance*, et de plusieurs nobles personnages. « Homme pervers lui crie-t-il, ni les « liens de la parenté, ni l'affection de vos « voisins, ni l'amour de la Patrie n'ont tou- « ché votre cœur. Vous avez foulé aux pieds « tout sentiment honnête, le rang, la fortu- « ne, les honneurs, les qualités de ma fille, « vous avez tout méprisé.. ...

« Ménelé lui répondit joyeux : (*respondit « hilaris*) Il est vrai seigneur Baronte, j'ai « tout quitté pour l'amour de celui qui a dit : « Quiconque fait la volonté de mon père « céleste, celui-là est mon frère, ma sœur, « ma mère. Pour votre fille qui librement « a choisi la meilleure part, soyez assuré

Savinien demander à ce seigneur, la permission d'inhumer saint Viance dans la nouvelle église d'*Avolca* sur le territoire de l'Issoudunois.

L'ancienne Aquitaine était bornée par la Loire, du côté de l'Anjou. — *Vie de saint Florent* dans Mabillon.

« qu'elle en recueillera un jour la riche « récompense. »

A ces mots du saint Abbé, Baronte, aveuglé par la colère qui ne raisonne point, tire son épée pour en transpercer le serviteur de Dieu. Mais soudain, sa main tombe sans force, et ses yeux sont privés de la lumière. Comme saint Paul terrassé sur le chemin de Damas, Baronte reconnaît la main qui le frappe : il déplore ses torts, implore le secours de Ménelé qui par ses prières obtient de Dieu sa guérison. Ce seigneur qui, il y a peu de jours, était un lion rugissant, devient un agneau docile. En reconnaissance des faveurs merveilleuses qui l'ont rendu à lui-même, il comble de dons son bienfaiteur. D'après les conseils d'un nommé Hélie, il donne au monastère de Ménelé, le *monasterium* ou prieuré de Trifauge, *Trisfalgium;* et deux villas, dont l'une s'appelait *Avolca* et l'autre *Varleium* : toutes ces terres étaient situées dans l'Issoudunois. Ce n'est pas tout, Ménelé joyeux de la conquête d'une âme, et touché de tant de bienfaits, fait venir un prêtre nommé Léopasius. Baronte se confesse à lui ; et ne quitte ces lieux où il laisse des heureux, que guéri, et de l'âme et du corps.

Celui qui fait l'œuvre de Dieu, doit s'attendre à rencontrer sur son chemin bien des épreuves. Ménelé sortait victorieux d'un combat ; chaque jour, son monastère devenait de plus en plus florissant. Le démon jaloux ne dormait pas. Pendant une nuit, et lorsque les moines prenaient paisiblement leur sommeil, leur saint Abbé voit dévorer par les flammes des édifices qui lui ont coûté tant de peines et tant de travaux. Il fait entendre un cri d'alarme qui réveille les religieux : ceux-ci rivalisent de zèle pour sauver leur chère maison. De suite Ménelé envoie son compatriote Constance au prieuré de Trifauge, et aux villas dont nous avons parlé, pour prier les habitants de venir au secours. Constance trouve en eux les plus louables dispositions : on s'exécute de bonne grâce, on accourt, on se met à l'œuvre, et en peu de temps Menat est réparé.

4.

CHAPITRE VIII

Saint Chaffre vient visiter Menat. — Saint Bonet, évêque de Clermont, le visite aussi. — Confère à Ménelé la dignité d'Abbé, et le lendemain consacre l'église du monastère.

Saint Chaffre aussi appelé saint Théofrède, avait succédé à son oncle saint Eudes, à Carméry (1). Il n'avait pas perdu le souvenir de Ménelé, de cet enfant de la solitude qui, un jour, l'avait rencontré dans une vallée déserte ; de ce frère bien-aimé qui les édifia pendant sept ans à Carméry. Il a appris que le Ciel bénissait ses œuvres. La charité le presse de visiter Menat sorti de ses ruines. Cette entrevue de ces deux serviteurs de Dieu fut des plus touchante. A la manière des anciens solitaires, Ménelé reçoit cet

(1) Saint Chaffre fut martyrisé en 728.

Abbé vénérable, avec une cordialité toute sainte. Il n'avait pas oublié les soins attentifs, les égards si bienveillants, dont il avait été entouré, pendant son noviciat à Carméry. Les deux religieux avaient devant eux, un vaste champ ouvert à leur conversation. Après un repas frugal, ils rendirent grâces à Dieu, et passèrent une partie de la nuit à chanter ses louanges .. Ils suivaient, croyons-nous, la règle de saint Benoît, et de saint Colomban qui, dit le père Helyot, était observée dans les monastères du VIIe siècle. Le silence, la solitude, la prière, l'humilité, l'obéissance en étaient comme le fondement. Le lendemain un nouvel hôte paraît à Menat. C'est l'évêque de Clermont. La réputation de Ménelé, ses œuvres, l'ont déterminé à l'honorer de sa visite. La sainteté aime ce qu'elle aime. A la prière de saint Chaffre, Ménelé a les cheveux coupés, de la main de l'illustre prélat, et est admis dans la cléricature. Ce qui ne veut pas dire qu'il fut ordonné prêtre, mais seulement qu'il fut fait moine ou abbé. Mabillon l'explique ainsi : *Monachum facit* ... L'évêque visiteur était saint Bonet. Il passa la journée tout entière au milieu de ces pieux cénobites, dont il ambitionnait la vie, comme sa conduite le prouva bientôt. Le jour suivant, une nouvelle cérémonie réjouit ces enfants de la solitude. L'évêque consacra leur église en l'honneur de Dieu, et en mémoire de saint Martin, et y déposa respectueusement quelques reliques des saints. Dans la vie de saint Chaffre, il est dit que l'église de Menat fut consacrée en l'honneur du Sauveur, et de sa bienheureuse mère (1).

Quoi qu'il en soit du patron de l'Église, cette consécration fut faite par saint Bonet que le légendaire appelle aussi saint Eusèbe. Il paraît qu'il portait ces deux noms. Cette visite de saint Bonet à Menat, et les fêtes qui réjouirent cette solitude, durent avoir lieu avant l'année 699, époque à laquelle dit Fleury, ce pieux évêque renonça à sa dignité, pour embrasser la vie religieuse.

---

(1) Chaque année, on célébrait dans le monastère, le 15 juillet, l'anniversaire de cette dédicace. *Gallia Christiana*.

CHAPITRE IX

Ménelé est calomnié. — Ses voyages à la cour. — On reconnait son innocence. — Il est récompensé.

Nous étions assez disposé à passer sous silence l'histoire des calomnies dirigées contre saint Ménelé, parce que toutes les légendes qui en font mention disent que c'était la reine Brunechilde qui persécutait l'Abbé de Menat ; ce qui n'est pas admissible, puisque cette princesse était morte depuis longtemps. Si Brunechilde n'était plus, la race des calomniateurs n'était pas éteinte. Pour une erreur de nom, nous n'avons pas cru devoir abandonner un fait vrai, comme nous le dirons bientôt, et dont les détails ne font que rendre plus belles les vertus de Ménelé.

Ce saint Abbé gouvernait son monastère avec sagesse. L'enfer était furieux : il voyait qu'on abandonnait sa bannière, pour s'enrôler sous celle de la religion. Il a été dit qu'on comptait à Menat plusieurs centaines de religieux. L'homme ennemi crut que pour dissiper un si nombreux troupeau, il suffirait de frapper le pasteur. Il suscite des calomniateurs qui vont raconter à la cour (1) que Ménelé est un hypocrite qui, sous des dehors de piété, et affectant l'homme à miracles, n'est qu'un vil imposteur. qui a bâti un monastère sur un terrain qui ne lui appartient pas...

Notre saint Abbé apprend l'orage déchaîné contre lui. Il confie sa cause à Dieu : il reçoit de la cour quelqu'un chargé de le presser d'abdiquer sa charge en faveur de Savinien. Ménelé entoure d'égards affectueux l'envoyé, et lui répond qu'il est tout disposé à confier à son ami l'administration de sa chère communauté. A peine l'envoyé de la cour a-t-il quitté Menat, que Ménelé juge à propos de se rendre lui-même auprès de ses

---

(1) *In curte vinciaca regina sedebat.* Nous sommes porté à croire que ce palais était situé dans une des forêts de l'Aquitaine.

accusateurs. Il charge Savinien du soin du monastère, et prend pour l'accompagner un nommé Ouen, *Audoenum*. Pour obtenir plus facilement audience, il porte avec lui quelques petits présents, qui consistent en un peu de vin, en quelques poissons, et en quelques rayons de miel. Au jour du départ, et à l'heure fixée, la modeste monture de la communauté est prête : Ménelé monte dessus et part. Arrivé devant ses accusateurs, il en reçoit les reproches les plus durs et les plus injustes. Il n'y répond que par la douceur et l'humilité. « Le vin, lui dit-on, les poissons, le miel que vous osez nous apporter, ne sont pas à vous, ils nous appartiennent, ce sont des productions recueillies sur nos propriétés, où sans notre agrément, vous avez bâti votre monastère. » On le maltraite, on le menace de lui ôter la vie. Le saint reste calme, bien disposé à en faire le sacrifice, si Dieu le veut. La reine avait une sœur nommée *Dotiva* qui s'efforça en vain de désarmer sa colère (1).

---

(1) Quelle était cette reine? peut-être était-ce Plectrude, femme de Pépin, qui, vers 714, après la

De retour au milieu de ses frères, Ménelé les exhorte à redoubler de ferveur dans leurs prières ; en outre, il fait venir le prêtre Léopasius dont nous avons déjà parlé, et le prie de vouloir bien offrir l'auguste sacrifice, afin d'obtenir du Ciel, par ce moyen puissant, la force et le courage dont il a besoin dans cette cruelle épreuve. Léopasius en répondant à l'invitation du saint Abbé nous prouve deux choses : 1° que Ménelé n'était pas prêtre, puisqu'il réclame le ministère d'un prêtre étranger pour dire la messe dans sa maison ; 2° que saint Ménelé fut calomnié, au temps de Léopasius son ami et son contemporain.

Ce prêtre qui prend bien part aux peines de

---

mort de son mari qui l'avait répudiée pour prendre à sa place une courtisane nommée Alpaïde, s'était emparée des rênes du gouvernement ? Elle gouverna avec le jeune Théodoald, maire du palais. Cette femme avait jeté en prison Charles Martel, fils d'Alpaïde. L'année suivante, les Français souffrant avec peine d'être gouvernés par une femme, se soulèvent, délivrent Charles Martel qui est acclamé duc d'Austrasie.

Voir l'Art de vérifier les dates, pag. 532 .

notre saint, trouve à Menat une si parfaite régularité qu'il se détermine à s'y fixer. En entrant il donne à la communauté les droits ou revenus d'une église dédiée à saint Gervais, et qui devait être située dans la contrée.

L'année suivante, Ménelé toujours en butte aux traits de ses ennemis, crut devoir retourner à la cour qui, croyons-nous, avait changé de maîtres, par suite des victoires remportées par les Français sur le jeune Théodoald. En y arrivant, Ménelé guérit par ses prières, une jeune fille possédée du démon. Des voix favorables prennent sa défense, et enfin son innocence est reconnue. La cour voulut dédommager celui qui avait été injustement persécuté : elle lui donna une villa nommée *Segola*, dont l'église était dédiée à saint Martin, en outre, elle lui permit d'agrandir tant qu'il voulut, l'enceinte de son monastère.

CHAPITRE X

De retour à Menat, Ménelé remercie Dieu. — Il charge saint Savinien du prieuré de Trifauge. — Le seigneur Baronte l'y vient visiter. — Don d'une relique. — Quelques bienfaiteurs de Menat.

Rentré au milieu de ses frères, Ménelé leur fait part de l'heureuse issue de son voyage, et des grâces dont le Ciel l'a favorisé. Il joint sa voix aux voix de tous ses enfants, pour témoigner à Dieu sa reconnaissance. La tempête étant dissipée, Menat reprend son calme et sa tranquillité.

C'est vers ce temps-là que saint Ménelé chargea saint Savinien, du petit monastère de Saint-Saturnin de Trifauge et de l'administration des deux villas de l'Issoudunois. Il le pria de lui renvoyer Constance qui, apparemment, était dans ces lieux. Savinien obéit avec docilité.

Le seigneur Baronte était alors à *Nantilly* en Anjou. Il apprend que Savinien est chargé du prieuré de Trifauge (1), c'est un bonheur pour lui de pouvoir visiter cet ancien ami. Il part, non plus en ennemi, comme quand il voulait tuer Ménelé, mais aujourd'hui c'est une âme reconnaissante et chrétienne, qui se plaît à converser avec les âmes vertueuses. Trifauge d'ailleurs lui rappelait des souvenirs, puisqu'il l'avait donné au monastère de saint Ménelé. Pendant les agréables instants qu'ils passèrent ensemble, Savinien pria Baronte de vouloir bien penser à lui, et de lui envoyer quelque relique, afin d'en enrichir la modeste église dont il était chargé. Baronte le promit : rentré sur ses terres, il n'oublia pas le saint prieur de Trifauge, il lui envoya aussitôt quelqu'un chargé de lui remettre une précieuse relique. Mais chemin faisant, cet homme de confiance mourut subitement sans avoir pu faire

(1) Ainsi nous traduisons le mot *monasterium* de la légende. Dans ces petits monastères, quelques moines chantaient l'office divin, priaient pour leurs bienfaiteurs.

connaître à Savinien la relique qu'il lui apportait. L'embarras du prieur est extrême, il va prier sur la tombe du défunt, et obtient les renseignements désirés. C'était une relique de la très-sainte Vierge. Le légendaire assure que Ménelé informé du fait merveilleux, en écrivit à son ami, et l'exhortait à en rendre grâce au ciel qui exauce la prière de celui qui s'humilie : *oratio humiliantis se penetrabit cœlos.*

Cependant le monastère de Menat devenait de plus en plus florissant. Des âmes généreuses, témoins des bienfaits qu'il versait sur la contrée, adjoignirent leurs dons à ceux de Baronte. Le comte Genès de la villa de Combronde, fit l'abandon du château de Montmaure, *Castrum montem Mauram*, situé entre la rivière de Sioule, et le ruisseau *Circiarum* (1). Un autre bienfaiteur d'Auvergne nommé Romendric, fit cession de tout ce qu'il possédait, moyennant une modique somme d'argent qui lui fut versée par la communauté.

---

(1) Ce comte d'Auvergne est honoré comme Saint, le 5 juin. *Voir les Bollandistes.*

CHAPITRE XI

Ménelé dirige son monastère pendant de longues années. — Son amour pour la prière. — Sa charité pour les étrangers et pour ses frères. — Sa mort. — Ses miracles.

Pendant sa longue administration, notre saint Abbé partageait son temps entre la prière, la méditation et l'étude des saintes lettres. Néanmoins nous ne voyons pas que l'évêque de Clermont l'ait chargé d'évangéliser les peuples des campagnes. Quand il le pouvait, sans nuire aux soins de sa charge, il s'enfonçait dans une grotte qui, dit-on, était creusée dans les rochers, au delà de la rivière. Là il goûtait les ineffables douceurs de la contemplation. Il imitait en cela, saint Martin.

Dans la construction de son monastère, il n'avait pas oublié les appartements destinés aux étrangers. Il voulait que le pauvre, l'ouvrier trouvassent dans sa maison une hospitalité aussi douce que confortable.

Sa sainteté, ses œuvres, ses miracles firent bénir son nom dans toute la contrée. Ses religieux trouvaient en lui un père, un modèle. Il pouvait leur dire avec saint Paul : soyez mes imitateurs, comme je le suis de Jésus-Christ, *Imitatores mei estote sicut et ego Christi.* Il leur prédit le jour de sa mort, il fut visité dans ses derniers moments par saint Genès, comte de Clermont (1). Quand arriva cet instant suprême qui était pour lui celui de la délivrance, il recommanda à ses religieux l'obéissance à Savinien son successeur. Il les exhorta à la charité, à la concorde, à la fidélité, à l'observation de la règle. En signe d'adhésion, et en fondant en larmes, ces fils désolés pressent dans leurs mains, la main défaillante de leur père qui les a bénis tant de fois. Le moribond recommande à Dieu sa chère communauté, il la bénit encore, lève les yeux vers le ciel, et muni du signe de la croix et des sacrements des mourants, il expire..... laisse sa dépouille

---

(1) *Bollandistes*, 5 juin, pag. 524.

mortelle à la terre ; mais son âme sainte prend son vol vers la patrie céleste, au milieu des doux concerts des anges. O comme saint Savinien, cet autre enfant de Précigné, dut être sensible à cette séparation ! C'était le 22 juillet 720.

Ainsi vécut et mourut saint Ménelé : ceux qui ont écrit sa vie s'accordent à raconter les miracles qui, après sa mort, s'opérèrent par son intercession. Les Bollandistes font mention du livre des miracles de notre saint Abbé, nous nous bornerons à redire les suivants :

1° Un enfant fut ressuscité par l'intercession du saint confesseur ; 2° un nommé Robert, de la Touraine, obtint la guérison d'une grave infirmité en recourant à saint Ménelé; 3° dans une église de Montluçon, dédiée à saint Ménelé, plusieurs miracles rendirent son nom célèbre dans la contrée ; 4° deux femmes recouvrèrent la vue, en priant au tombeau de saint Ménelé, dans l'église du monastère de Menat, etc.

CHAPITRE XII

Abrégé de la vie de saint Savinien (1).

Nous ignorons l'époque de la naissance de saint Savinien, à Précigné, et la condition de ses parents. Son nom latin *Savinianus*, est tout romain, et semble indiquer une e ces familles anciennes qui, après la conquête des Gaules, s'était fixée dans notre pays.

Quoiqu'il en soit, Savinien dès sa jeunesse se fit remarquer par ses vertus et ses excellentes qualités. A Précigné, il devint un des habitués du château des Parillés. Le jeune Ménelé trouva en lui un ami dévoué et sin-

(1) Nous croyons que les vertus chrétiennes, qu'à cette époque reculée nous trouvons à Précigné, sont dues au ministère des moines de Saint-Martin qui desservaient l'antique église de Précigné, *capellam*, confiée à leur zèle.

cère. Bientôt ces deux cœurs se comprirent, leur goût pour la piété les unit étroitement. Quand Ménelé entreprit de quitter la maison paternelle, Savinien fut son confident qui partagea ses cruelles alarmes ; il consentit à l'accompagner partout, et à embrasser la même carrière.

Depuis leur fuite précipitée des Parillés, Ménelé et Savinien vécurent toujours dans la plus sainte intimité. Dans l'exécution de ses entreprises, saint Ménelé se reposait sur la sagesse de cet autre lui-même. Dans la reconstruction du monastère de Menat, c'est Savinien qui est l'homme de sa droite. Dans la construction d'une maison de retraite pour la mère du saint Abbé, c'est Savinien qui conseille, qui dirige. Pour la prévôté de Trifauge, c'est Savinien qui est choisi. Quand Ménelé est accusé, ou est absent, Savinien le remplace comme un des plus dignes de la communauté. Son humilité, son attachement à la règle, le tenaient à l'écart, il savait obéir ; mais rechercher les honneurs et les emplois, jamais ! Aussi était-il aimé de Dieu et de ses frères : *dilectus Deo et hominibus.*

Quant parvint à Menat, la nouvelle du miracle qu'il opéra à l'occasion de la relique que lui envoyait Baronte, la communauté qui connaissait la sainteté de Savinien, n'en parut point surprise. Vers le même temps, et toujours pendant la vie de saint Ménelé, le saint prieur de Trifauge entreprit de doter d'une église la population d'*Avolca*. Nous nous rappelons que le saint Abbé de Menat, l'avait chargé de Trifauge, des villas appelées *Avolca* et *Varleium*. Pendant l'exécution des travaux, Savinien apprit que saint Viance venait de mourir à *Ruffiacum*. Sans tarder il se rend près du corps de son ami. Le ciel lui inspire la pensée de faire transporter dans son église en construction, cette précieuse dépouille ; mais il n'ignore pas qu'il lui est défendu de rien entreprendre sans l'agrément du seigneur Baronte. Il s'adresse donc à lui ; sur une réponse favorable, Savinien invite un évêque d'Auvergne (1), nommé Rustique, de vouloir bien venir présider les funérailles du serviteur de Dieu. Le pontife

(1) *Episcopum avernensem*, Mabillon, 1er vol. pag. 50.

accède aux vœux de Savinien, et arrive à *Ruffiacum*. On place le cercueil sur un char que vont traîner deux superbes coursiers. Mais, ô prodige! les chevaux au moment du départ restent immobiles, et aucune force humaine ne peut les décider à partir. On les remplace par des bœufs. Nous lisons dans Labbe (1er vol. hist., pag. 632), que pendant qu'on délibérait sur ce qu'il fallait faire, un ours parut, et de lui-même vint courber la tête, à côté d'un bœuf pour recevoir le joug, et le char ainsi traîné arriva sans encombre à *Avolca*. *Sanctus Vincentianus in territoria exandinico, ad cujus corpus transferendum ad tumulum, ursus cum bove sponte se inclinavit ligandum.*

Le corps fut enterré dans la nouvelle église, dans la partie du nord.

Un officier du seigneur Baronte, recouvra la santé au tombeau de saint Viance.

Huit mois après, le 18 août, saint Savinien invita l'évêque Rustique de venir consacrer solennellement son église à la Très-Sainte Vierge.

Depuis, ce lieu a été érigé en paroisse; elle porte le nom de Saint-Viance. De nos jours c'est un bourg important du département de la Corrèze. (Voir vie de saint Viance, par dom François Chamar.)

Après son entrée en religion, saint Savinien marcha courageusement dans le chemin de la perfection, sans jeter un regard en arrière. Aussi, à la mort de saint Ménelé, fut-il choisi pour lui succéder. Dans sa nouvelle charge, il ne changea rien dans sa vie mortifiée : il s'efforça de marcher sur les traces de son saint prédécesseur. Il continua son œuvre en faisant revivre ses vertus. Nous croyons qu'il gouverna le monastère de Menat, pendant 15 ans au moins, après la mort de saint Ménelé.

Voici les raisons qui font adopter cette opinion.

Nous pouvons présumer, disent les Bollandistes, que saint Genès comte d'Auvergne qui sema tant de bienfaits dans son pays, mourut avant l'année 750. *Præsumere possumus sanctum Genesium ad medietatem octavi seculi non pertigisse.* Ils ajoutent encore qu'il mourut avant 740. Or saint Savinien Abbé de Menat assista à ses funérailles dans l'église de Combronde. D'après ce récit, il est donc probable, qu'il survécut à saint Ménelé de 15 à 20 ans environ.

Saint Savinien mourut dans un âge avancé, son corps fut inhumé, croyons-nous, dans l'église du monastère. Les corps des deux enfants de Précigné, si unis pendant leur vie eurent le même tombeau : *quomodo in vitâ suâ dilexerunt se, itâ et in morte non sunt separati.*

Leurs reliques ont toujours été entourées des mêmes honneurs, et de la même vénération. L'Eglise célèbre la mémoire de saint Savinien, le 8 juin. (Voir la *Gallia christiana.*)

CHAPITRE XIII

Reliques de saint Ménelé et de saint Savinien.

Les restes mortels de ces deux Saints furent conservés dans l'église de leur monastère. En 1670, un titre authentique déposé dans leurs châsses, en donnait l'exacte description. En 1711, ces reliques furent examinées, et trouvées dans le même état. Cette même année 1711, Mgr le marquis de Torcy, ministre secrétaire d'état, écrivit aux religieux de Menat ; dans sa lettre il leur demandait *une portion des reliques de saint Ménelé*, pour la remettre à l'église de Précigné, en Anjou, *lieu où le saint avait pris naissance.*

Le communauté, ses hauts dignitaires accèdent aux vœux du puissant ministre ; avec les cérémonies pleines d'intérêt, et détaillées dans le procès-verbal ci-après, ils procèdent à l'ouverture de leur trésor, et ils en extraient :

1° Les reliques suivantes de saint Ménelé : deux ossements de la cuisse dont l'un avait cinq pouces de longueur, et l'autre deux pouces. Ces précieux restes furent renfermés dans un morceau de taffetas blanc, lié avec un ruban blanc, au bout duquel étaient trois cachets. Celui du milieu portait les armes du prieur, supérieur-majeur ; celui du côté droit, portait les armes du seigneur abbé, celui du côté gauche, portait le cachet de la communauté, sur lequel est gravée la figure de saint Ménelé.

2° Des reliques de saint Savinien, *compagnon et successeur de saint Ménelé et son compatriote* (sic). C'était un os du bras, de 9 pouces de long ; un os de la hanche, et deux dents. On renferma aussi ces précieux restes dans un morceau de taffetas blanc, cousu en forme de sac, lié avec un ruban blanc, et scellé des trois cachets ci-dessus détaillés. Ceci se passait le 23 juillet 1711.

Le tout bien conditionné, et bien authentiqué fut envoyé à M. Denyau, curé de Saint-Pierre-de-Précigné, par les soins de Mgr le marquis de Torcy, seigneur de Boisdauphin. Le procès-verbal qui suit en donne d'intéressants détails, nous le transcrivons avec son orthographe.

PROCÈS-VERBAL

Concernant l'ouverture des châsses de saint Ménelé et de saint Savinien, dans l'église de Menat, en 1711; et les reliques données par Mgr le marquis de Torcy, à l'église de Précigné.

« Aujourd'hui 23me jour du mois de juillet 1711, à l'issue des vêpres, nous, dom François Pouget, prestre religieux profès de l'ordre de Cluny, prieur et seigneur de Saint-Germain-des-Fossez, vicaire général, supérieur-majeur et visiteur de la province d'Auvergne et de tous les monastères de religieuses du dit ordre ; étant dans l'abbaïe de saint Ménelé de Menat, au diocèse de Clermont, de notre dit ordre de Cluny (1). Nous

(1) Le cardinal de Richelieu, en 1632, contraignit le monastère de Menat, de s'aggréger à celui de Cluny dont il était abbé.

aurait été exposé par messire Jean-François d'Harcourt, prestre seigneur abbé commendataire de la dite abbaïe, et par MM. le prieur claustral, officiers et religieux de ladite abbaïe; que Mgr le marquis de Torcy, ministre et secrétaire d'état, leur aurait écrit pour les prier de lui accorder une portion des reliques de saint Ménelé, premier abbé et fondateur de leur abbaïe pour les mettre en vénération et augmenter la dévotion des fidèles dans l'église paroissiale de Précigné en Anjou, qui est une des dépendances du marquisat de Sablé, dans lequel lieu de Précigné saint Ménelé avait pris naissance ; et que désirant contribuer autant qu'il est en eux à augmenter le culte et la vénération qui est due à la sainteté de la vie et aux miracles de leur pieux fondateur et donner des marques à Mgr le marquis de Torcy combien ils sont sensibles à sa prière ; ils nous ont requis de vouloir nous transporter dans la chapelle de leur église où reposent les reliques de saint Ménelé, d'en faire l'ouverture et de les tirer nous-mêmes de la châsse où reposent ses reliques et celles de saint *Savignan* son compagnon et successeur dans ladite abbaïe et d'en dresser notre procès-verbal pour servir d'*autentique* (sic) à ladite relique, à laquelle réquisition de nous vicaire général susdit adhérant nous nous serions transporté après nous estre revêtus d'aube et étole dans ladite chapelle accompagné dudit seigneur abbé, desdits sieurs prieur et religieux, de monsieur de Laval sieur de Maratel et de la Creuse conseiller du roy subdelégué de monseigneur l'intendant d'Auvergne, maire perpétuel de la ville de Montaigu, maistre des eaux et forêts dudit lieu et chatelain de Menat, de maistre Blaise Chanselmède, Lagenelé procureur fiscal de ladite abbaïe, de maistre Antoine Bichard greffier de ladite abbaïe et de plusieurs habitants dudit lieu, où étant arrivés nous aurions fait notre prière, et après avoir fait descendre ladite châsse qui a environ deux pieds et demi de long sur deux pieds de haut, faite en forme d'église, ladite châsse couverte de toutes parts de lames de cuivre jaune où sont plusieurs figures en relief, et entre lesdites lames de cuivre jaune, il y a d'autres lames d'argent avec des figures de fleurs en relief, et après avoir examiné ladite châsse et l'avoir trouvée en bon état dom Antoine Bernard religieux sacristain de ladite abbaïe nous aurait remis la clef de ladite châsse avec laquelle nous en aurions fait l'ouverture, dans laquelle nous aurions trouvé un autentique en parchemin contenant le procès-verbal de la visite de ladite relique faite en 1670, et nous aurions trouvé lesdites reliques au même état que dans l'autentique et dans un tiroir de bois peint en rouge avec des fleurs de lys blanches, nous aurions trouvé une grande feuille de parchemin sur laquelle il est écrit *sacræ sancti Menelæi reliquiæ* cousu, et aiant fait l'ouverture dudit parchemin et décousu le fil nous aurions trouvé ledit parchemin rempli de plusieurs ossements, d'où nous aurions tiré deux ossements dont l'un est de cinq pouces de longueur que maistre Gaspard prime chirurgien juré du bourg de Menat auquel nous l'avons exhibé nous a dit estre un ossement de la cuisse et un autre ossement de deux pouces de longueur que ledit chirurgien nous a dit estre aussi de la cuisse, lequel ossement nous avons proprement plié en un morceau de tafetas blanc que nous avons lié avec un ruban de même couleur auquel nous avons mis trois cachets semblables à ceux que nous avons fait apposer aux présentes pour ladite relique estre envoiée par nous au nom dudit seigneur abbé, desdits sieur et prieur et religieux à monseigneur le marquis de Torcy pour être remise par lui dans ladite église paroissialle de Précigné au diocèse d'Angers, ensuite de quoi nous aurions mis dans un sac de tafetas blanc le surplus des sacrées reliques de saint Ménelé avec le parchemin qui les envelopait, lequel sac nous aurions lié du même ruban blanc que la relique que nous envoions à monseigneur le marquis de Torcy, ledit ruban cacheté desdits trois cachets mentionnés ci-dessus, au-dessus nous avons mis un écriteau où sont ces paroles *sacræ sancti Menelæi reliquiæ* et nous aurions remis ensuite le tout dans la boiste d'où nous l'aurions tiré, laquelle nous avons remis dans ladite châsse, ensuite dequoi nous aurions fait l'ouverture du parchemin qui renferme les reliques de saint Savignan compagnon et successeur de saint Ménelé et son compatriote d'où nous aurions tiré un os du bras de neuf pouces de long, l'os de l'anche, et deux dents que nous avons tirées de la machoire intérieure où il y en avait dix et où il n'y en reste plus que huit lesquelles reliques nous avons enfermées dans un tafetas cousu en forme de sac, que nous avons ensuite lié, avec un ruban blanc au nœu duquel nous avons mis trois cachets comme il a été ci-dessus expliqué pour estre lesdites reliques pareillement envoiées à monseigneur le marquis de Torcy pour estre pareillement transférées en ladite église paroissialle de Précigné, après quoi nous aurions remis le surplus du corps au même état que nous l'aurions trouvé enveloppé en deux feuilles de parchemin que nous aurions recousu et lié avec un semblable ruban auquel nous aurions mis les cachets mentionnés ci-dessus et remis le tout dans ladite châsse que nous aurions ensuite fermée à clefs et remis les clefs audit dom Sacristain, fait remettre ladite châsse en la place ordinaire. Dont et de tout le contenu ci-dessus nous aurions dressé le présent procès-verbal dont nous aurions fait deux originaux, l'un pour estre remis en ladite châsse et l'autre estre par nous envoyé à monseigneur le marquis de Torcy et avons signé aux deux originaux avec ledit seigneur abbé, lesdits sieurs prieur et religieux et les témoins ci-dessus nommés et avons apposé lesdits trois cachets qui sont celui posé au milieu, celui de nos armes, celui du costé droit, celui du seigneur abbé et celui du costé gauche de la communauté de ladite abbaïe où est gravée la figure de saint Ménelé et avons signé avec notre secrétaire; ont signé dans l'original : d'Harcourt abbé de Menat, D. de Thiang, prieur et aumonier de Menat, de Monlauluin de Fontenay chambrier, Bernard sacristain generalier, de Marcellange, Darcan prieur de Dontray, Jouve annualier de Menat, Goyt hospitalier, Marcellange, Barsson prieur de Chantenay, de Laval, de Chanselmede, Bichard, Pault, curé de Menat, Pouget prieur de Saint-Germain, vic.-général et plus bas par mond. sieur Brinelle. »

CHAPITRE XIV

Translation solennelle à Précigné des reliques de saint Ménelé, et de saint Savinien.

Nous l'avons raconté, la paroisse de Saint-Pierre de Précigné, par l'intervention puissante du marquis de Torcy, avait obtenu des moines de Menat, des reliques de saint Ménelé et de saint Savinien. On remit à l'année suivante leur translation solennelle. Enfin le 23 août 1712, Mgr Michel Poncet de la Rivière, évêque d'Angers, vint présider cette imposante cérémonie à laquelle assistèrent plus de cinquante ecclésiastiques. Ce fut une fête pour la population, de recevoir ces restes vénérés de deux enfants de Précigné, qui revenaient dans leur patrie en triomphateurs, après l'avoir quittée en fugitifs. Nous laissons au procès-verbal qui suit, d'en décrire les circonstances.

« Le 23e jour du mois d'août 1712, Monseigneur l'illustrissime et révérendissime évêque d'Angers, Messire Michel Poncet de la Rivière, fit la translation solennelle des précieuses reliques de saint Ménelé abbé de Menat, et de saint Savinien son compatriote et successeur, assisté de plus de cinquante ecclésiastiques qui assistèrent tous à la procession, en chapes ou en dalmatiques de l'église de Saint-Pierre, à la chapelle du château de Boisdaufin, *sic*, et de ladite chapelle en l'église de Saint-Pierre, et à l'issue de ladite cérémonie, il fut dressé l'acte suivant dont la minute est conservée parmi les papiers de la cure de Saint-Pierre. Michel, par la miséricorde de Dieu et la grâce du Saint-Siége apostolique évêque d'Angers, conseiller du roy en tous ses conseils à tous présents et à venir savoir faisons qu'à la réquisition de maistre Philippe Simphorien Denyau, prêtre curé de Saint-Pierre de Précigné de notre diocèse, en continuant le cours de nos visites nous nous serions transporté audit Précigné pour visiter les reliques de saint Ménelé abbé de Menat et de saint Savinien son successeur en ladite abbaye, l'un et l'autre originaires dudit Précigné, lesquelles reliques avaient été envoyées de ladite abbaye de Menat audit sieur curé par les soins de monsieur le marquis de Torcy, ministre et secrétaire d'état, seigneur marquis de Sablé et de Boisdaufin, à la visite desquelles reliques procédant dans la maison presbiteralle de ladite paroisse de Saint-Pierre de Précigné, nous nous serions fait représenter la boîte dans laquelle lesdittes reliques ont été apportées de l'abbaïe de Menat, dans laquelle boîte nous aurions trouvé le procès-verbal de l'ouverture de la châsse où sont conservées les reliques desdits saints Ménelé et Savinien, dans lequel procès-verbal sont marquées en détail les parties des reliques qui ont été tirées de ladite châsse, les enveloppes dont elles ont été couvertes et les sceaux qui y ont été apposés, lesquels sceaux nous avons trouvé sains et entiers conformes et entièrement semblables à ceux qui sont apposés audit procès-verbal dont copie est ajointe : et attendu que les reliquaires que ledit sieur curé a fait faire exprès à Paris ne sont pas encore arrivés, nous avons pris quelques parties desdittes reliques pour mettre dans les sépulchres des autels de ladite église de

Saint-Pierre de Précigné de laquelle église nous devons demain faire la consécration. Nous aurions remis lesdites reliques dans leurs enveloppes que nous aurions couvertes chacune d'un papier auquel nous aurions apposé le sceau de nos armes, et avons même lié ladite boite avec un ruban blanc que nous aurions, aux deux bouts, cachetée de cire noire et scellée du sceau de nos armes et aurions permis audit sieur curé, d'exposer les dites reliques à la vénération des fidèles, et procédant à la translation solennelle des dites reliques nous aurions fait porter par le dit sieur curé la dite boîte en la chapelle du château de Boisdauphin où nous nous serions rendu, et la, ayant fait mettre les dites reliques sur un brancard décemment orné et porté par deux prestres, nous les aurions transportées processionnellement dans la dite église de Saint-Pierre de Précigné, et les aurions déposées sur une credence près le maître-autel de la dite église du costé de l'évangile. Laquelle visite et translation a été faite par nous en présence de Mrs Regnault le Gouvello prestre docteur de Sorbonne, trésorier de notre église cathédrale et notre vicaire général, Claude Leard de Boistimont prestre chanoine de notre dite église, des sieurs Pierre Hullin, curé de Varennes, Paul Auguste du Fresne, curé de Soulaines; Pierre Augustin du Casel de Villeneuve, curé de Soucelles; Jacques le Noyer, curé de Morannes; Jacques Viau, prestre demeurant à La Flèche; Claude Charles Souvestre, prieur curé de Pincé; Toussaint de Lormes, curé de Grezillé; Louis Maussion, curé d''Armaillé; Jean-Baptiste Brichet, curé de Longué; Claude Le Roy, curé de la Chapelle d'Aligné; Vincent Montreuil, prestre de Bazouges; François Morin prêtre de La Flèche; et Michel Davau, prestre demeurant à Angers. Lesquels avec nous ont signé le présent procès-verbal. Donné au dit Précigné dans le cours de nos visites le 23e jour d'août 1712. Ont signé en la minulte : »

« † MICHEL, év. d'Angers, etc., etc. »

CHAPITRE XV

Consécration solennelle de l'église de Saint-Pierre de Précigné, et d'un autel dédié à saint Ménelé et à saint Savinien, dans la chapelle du seigneur de la même église.

La translation des reliques de nos deux compatriotes, fut suivie, le lendemain, d'une cérémonie non moins imposante; environ quatre-vingts ecclésiastiques y assistèrent. Mgr Poncet de la Rivière, évêque d'Angers, consacra l'église de Saint-Pierre, ses autels; en outre, il consacra dans la chapelle du seigneur (actuellement sacristie de paroisse) un autel qu'il dédia à saint Ménelé et à saint Savinien, et y déposa de leurs reliques. Ce fut une fête chômée par les habitants, jusqu'à midi; conformément à ce qui avait été annoncé, au prône du dimanche précédent; voici les détails de cette journée :

« Le 24e jour du mois d'aoust 1712, fête de

saint Barthelemi apôtre, jour de mercredi, Monseigneur l'Illustrissime et Révérendissime évêque d'Angers, messire Michel Poncet de la Rivière, fit la consécration solennelle de l'église et des autels de la paroisse de Saint-Pierre de Précigné, à laquelle cérémonie assistèrent plus de quatre-vingts ecclésiastiques. La cérémonie commença dès la vigile, ainsi qu'il appert par le procès-verbal dont copie est ci-dessus et elle fût une suite de la translation des reliques des glorieux saint Ménelé et saint Savinien. Cette première cérémonie se fit le mardi 23e aoust, tout le clergé fut quérir processionnellement Monseigneur l'Évêque au bas de l'escalier du presbitaire de Saint-Pierre, un ecclésiastique en dalmatique portait la croix, et un autre aussi en dalmatique le texte, quatre autres pareillement en dalmatique portaient deux chandeliers et deux encensoirs, et quatre autres aussi en dalmatique portaient les quatre soutiens du daix, on le conduisit ainsi à la grande porte de l'église, où le curé de la paroisse lui fit un compliment fort court, et l'on observa les cérémonies marquées dans le processionnel, pour la réception des Seigneurs évêques, le curé était en étole et les autres prêtres en surplis. Etant monté à l'autel et y aiant chanté les oraisons accoutumées, les chantres du chœur commencèrent le ℟ *Exurge*, etc., pendant lequel tous les prestres prirent des chapes ou dalmatiques, outre les ci-dessus marqués pour les dalmatiques, il y en eût encore six autres, savoir deux pour porter les reliques qui furent MM. les curés de Morannes et de Soucelles; deux pour porter deux torches et deux pour les deux lanternes, qui étaient autour des reliques. Après l'*Exurge* on chanta la première strophe du *Veni Creator* à genoux, en suite de quoi on a'la processionnellement en continuant de chanter des hymnes, des psaumes, etc., étant entrés dans la chapelle, Mgr l'Évêque encensa les reliques qui lui furent présentées par le curé du lieu, qui avait eu soin de les porter en cette chapelle, après quoi elles furent portées solennellement sur un brancard en l'église de Saint-Pierre. A l'issue de la procession, M. le Gouvello trésorier de l'église d'Angers dit une messe basse de translation *Reliquiarum*. A l'issue de la messe Monseigneur l'Évêque fit une prédication éloquente de cinq quarts d'heure sur le bonheur des saints et le chemin qui y conduisait. La cérémonie du matin finit par là. L'après-midi Sa Grandeur donna la confirmation aux personnes des paroisses de Précigné, du Pé, de Pincé, de Varennes, de Courtilliers, dans l'abbaïe du Perrayneuf où Elle avait dîné avec plusieurs ecclésiastiques qui jeûnaient ce jour, à cause de la consécration de l'église; le soir sur les sept heures on ôta le Très-Saint Sacrement de l'église et on le mit sur un autel, dans une petite chapelle que l'on avait préparée sous la galerie de l'église; après quoi l'on chanta dans cette petite chapelle les matines des saints Confesseurs, où M. l'abbé de Boistimon chanoine de l'église d'Angers officia : on dit des messes basses en cette petite chapelle, une partie de la nuit et de la matinée. On commença les messes à deux heures du matin, et il se trouva devant le Très-Saint Sacrement quelques ecclésiastiques et beaucoup de peuple; plusieurs personnes y communièrent; le mercredi matin Monseigneur l'Évêque commença la cérémonie de la consécration à six heures, ainsi qu'elle est marquée dans le pontifical, elle fut finie à onze heures : et aussitôt M. le Gouvello commença la grande messe qui fut chantée fort solennellement, et qui finit environ sur le midi. Sur les trois heures après-midi on chanta les Vespres solennelles de la dédicace; elles furent suivies d'une belle prédication que fit M. le curé de Soulaines; on fit dans l'église de Saint-Pierre pendant huit jours les octaves solennelles de ces deux augustes cérémonies, il y eût tous les jours grande messe, vespres chantées, le salut sur le soir et la bénédiction du saint Ciboire avec des prédications au matin. M. le curé de Morannes finit l'octave de la dédicace par un beau sermon de la sainteté des églises : le seigneur Évêque partit de Précigné le jeudi matin 25e aoust, pour se rendre à Durtal, et y continuer ses visites. On dressa le procès-verbal de la consécration de l'église ainsi qu'il suit. On avait eu soin dès la vigile au soir, de renfermer dans de petits sépulchres d'étain fin des reliques des glorieux saint Ménelé et saint Savinien, posées sur un petit coussin de soie avec trois grains d'encens et un petit procès-verbal, ainsi qu'il est marqué dans le pontifical, dans chaque procès-verbal est marqué le nom ou les noms des saints auxquels l'autel est dédié. Le maître-autel est dédié sous l'invocation de saint Pierre; celui qui est à sa droite, sous l'invocation de la très-sainte Vierge et de saint Étienne premier martyr; celui qui est à la gauche, sous l'invocation des saints Martin, Sébastien et Symphorien; et celui qui est dans la chapelle du seigneur (1), sous l'invocation des saints Ménelé et Savinien.

« Michel, par la miséricorde de Dieu et la grâce du Saint-Siége apostolique, évêque d'Angers, conseiller du roy en tous ses conseils, à tous présens et à venir, salut; savoir faisons, qu'après avoir fait la visite et la

---

(1) Cette chapelle du seigneur, dans l'église de Saint-Pierre à Précigné, a continué de porter ce nom jusqu'à l'époque où, il y a peu d'années, elle fut close du côté du chœur, et transformée en sacristie de paroisse.

Elle fut bâtie en 1526, par Jean de Laval, seigneur de Boisdauphin, on y retrouve les armoiries de cette famille.

L'autel dédié à saint Ménelé était adossé au mur *est* de la chapelle; il nous souvient d'avoir vu quelques débris du rétable qui était en pierre.

translation des reliques de saint Ménelé et saint Savinien, abbés; ainsi qu'il appert par l'acte du jour d'hier; nous aurions commencé, à la réquisition de Messire Philippe-Symphorien Denyau, curé de Saint-Pierre de Précigné, de notre diocèse, de procéder à la consécration de l'église de la dite paroisse; laquelle église a été ornée et décorée fort proprement depuis quelques années par les soins du dit curé; et premièrement nous aurions, le jour d'hier, avec le clergé et le peuple de cette dite paroisse, observé un jeûne que nous aurions à cet effet fait indiquer dès le dimanche précédent; et aujourd'hui en présence et assisté de curés, vicaires et autres ecclésiastiques, au nombre de plus de quatre-vingts, dont plusieurs avaient chanté solennellement la veille, les vigiles devant les reliques des dits saints Ménelé et Savinien, nous aurions sur les six heures du matin, commencé les cérémonies de la dite consécration, ainsi qu'elles sont prescrites dans le pontifical; à la fin desquelles nous aurions fait déclarer au peuple que nous accordions à ceux qui avaient assisté aux dites cérémonies, un an d'indulgences, et quarante jours, à ceux qui visiteraient la dite église, le jour de l'anniversaire de la dédicace, lequel se célébrera chaque année, le dimanche de l'Octave de l'Assomption de la sainte Vierge. Dont et tout ce que dessus, nous avons fait dresser le présent procès-verbal pour servir et valoir à qui de raison. (1).

« Donné à Précigné dans le cours de nos visites, le 24e jour d'aoust, 1712.

« Signé : † MICHEL, év. d'Angers.

« Et plus bas par Monseigneur LUCAS.

« NOTA : Que le jour de la consécration, il fut feste dans la paroisse jusqu'à midi, indiquée le dimanche précédent, au prône.

« Le présent mémoire a été fait et écrit par Nous, curé, soussigné, les jours et an.

« Signé : P. S. DENYAU,

« prestre, curé de Saint-Pierre de Précigné. »

---

(1) Avant la restauration de l'église actuelle, vers 1845, on voyait sur les murailles de l'ancienne nef les croix de cette consécration ? Deux étaient placées sur les deux piliers de l'entrée du chœur, les autres sur les murs de la nef.

CHAPITRE XVI

Nouvelle reconnaissance des reliques de saint Ménelé et de saint Savinien. — M. le curé de Saint-Pierre de Précigné est chargé par l'évêque d'Angers de les déposer dans deux châsses. — Quelques-unes envoyées à Sablé.

Après les fêtes que nous venons de rapporter, M. le curé de Saint-Pierre de Précigné, reçut de Paris deux châsses qu'il y avait fait faire. Il fut chargé par Monseigneur l'Évêque d'Angers d'y déposer les reliques dont nous avons parlé, de saint Ménelé et de saint Savinien, de là le procès-verbal qui suit :

« Le 23e de septembre 1712, Nous, Philippe Symphorien Denyau, prestre, curé de Saint-Pierre de Précigné, portâmes à Angers, la boiste où étaient renfermées les précieuses reliques des glorieux saint Ménelé et saint Savinien, abbés de Menat, lesquelles reliques, Monseigneur l'Évêque d'Angers avait reconnues dans sa visite faite à Précigné, le 23e du mois d'aoust dernier, et de laquelle boiste il fit l'ouverture pour la seconde fois, le dit jour 23e septembre, dans son palais épiscopal, suivant le procès-verbal dont copie ci-dessus, par lequel procès-verbal il nous donne la commission de déposer les reliques, des deux saints abbés dans les châsses qu'on nous avait envoyées pour cet effet, de Paris, de laquelle cérémonie nous dressâmes ce procès-verbal, dont copie est aussi ci-jointe. Il y avait dans la boiste où étaient enfermées les dites reliques, le procès-verbal fait à l'abbaïe de Menat pour servir d'authentique; duquel procès-verbal nous insérons ici une copie conforme à l'original qui est resté entre nos mains : lequel ainsi que tous les autres originaux des procès-verbaux faits en conséquence de la translation des très-saintes reliques, nous avons mis et renfermé dans la boiste dans laquelle ont été apportées les dites reliques de Menat, pour les dits originaux estre soigneusement gardés et conservés. »

« Nous soussigné, chanoine de l'église cathédrale du Mans, certifions que les procès-verbaux ci-dessus ont été extraits fidèlement des archives qui existent à la mairie de Précigné.

« Le Mans, 22 juillet 1876.

« L. PERSIGAN. »

En 1784, le 12 août, M. Dalichoux, grand archiprêtre de l'église d'Angers, à la demande de J.-B. Ménelé Colbert, marquis de Torcy de Sablé, seigneur de Bois-Dauphin à Précigné, se rendit en ce dernier lieu où les reliques de saint Ménelé et de saint Savinien étaient déposées en quatre châsses. Deux d'icelles furent transportées respectueusement à Sablé. Le 24 avril 1785, M. Hanuche curé de Notre-Dame, en fit la translation solennelle dans son église. Des deux châsses destinées pour Sablé, une, croyons-nous, resta dans l'église de Saint-Martin, où les deux châsses avaient été déposées. Celle transférée dans l'église de Notre-Dame, renfermait les procès-verbaux qui attestaient l'authenticité des reliques.

Celles que l'on conserve à Précigné, et qui ont échappé, en 1793, au vandalisme révolutionnaire, n'ont rien à désirer sous le rapport de l'authenticité la plus vraie.

Il y a 60 ans, le dimanche le plus rapproché du 22 juillet, de l'église actuelle (car l'église de Saint Martin avait été détruite en 1794,) on portait processionnellement la relique de saint Ménelé, à la chapelle de l'Hôpital, située à l'extrémité du bourg, sur la route de Morannes. C'était alors une station qu'on aimait à Précigné. (1). Pendant le parcours, on chantait entre autres une hymne dont voici la 1re strophe :

Felices nemorum pangimus incolas,
Certo concilio quos Deus abdidit,
Ne contagio secli,
Mores læderet integros.

Il va sans dire, que cette procession solennelle avait lieu dans la patrie de saint Ménelé, du consentement, et avec l'approbation de l'évêque diocésain.

(1) C'était la chapelle de l'ancienne commanderie qui continuait de porter le nom de chapelle de l'Hôpital.

CHAPITRE XVII

Chapelle et pèlerinage de saint Ménelé, à Précigné.

La chapelle de saint Ménelé, où, depuis tant de siècles, les habitants de Précigné, et des contrées voisines viennent prier, s'élève dans un lieu solitaire, au milieu d'une campagne boisée et fertile. Elle est peu distante du manoir antique, mais défiguré, des Parillés.

C'est pour ce motif qu'on lui donne quelquefois, le nom de chapelle des Parillés.

La partie orientale du monument, nous paraît être du XIIe siècle. A-t-elle été bâtie au lieu même où le saint patron fit un miracle pendant qu'il habitait le pays, nous n'y voyons rien d'improbable.

Au XVe siècle, cette chapelle fut réparée; si nous en jugeons par quelques fenêtres à arc trilobé et ogival, que nous y avons remarquées.

Vers le commencement du XVIIIe siècle, peut-être à l'époque de la translation des reliques de saint Ménelé et de saint Savinien en 1712. Elle fut agrandie, du moins nous sommes porté à le croire, si nous examinons les travaux de la nef et de ses autels, qui sont du style et de la Renaissance.

Un jour en allant prier dans ce sanctuaire vénéré, nous trouvâmes à l'intérieur près la porte, les débris d'un vieux bénitier en pierre. Il était du XVIIe siècle, le nom d'Aubert y était gravé. C'était probablement le nom de l'ouvrier qui l'avait creusé.

Trois autels existent dans cette chapelle. Sur l'autel majeur, derrière lequel se trouve une petite sacristie, est placée la statue de saint Ménelé, elle est moderne; aux pieds de cette statue, se voit le lapin légendaire.

L'autel placé à droite en entrant, est dédié à la sainte Vierge. Celui placé à gauche, autrefois était dédié à saint Savinien, trop oublié par les habitants de Précigné. On dit que sa statue a été transformée en celle de Notre-Seigneur. Quoi de plus convenable que saint Savinien soit honoré dans cette chapelle, à côté de son inséparable ami? Saint

Savinien n'est-il pas enfant de Précigné? L'Église ne lui a-t-elle pas accordé une place sur ses autels? Saint Ménelé et saint Savinien quittèrent ensemble les Parillés; leurs reliques ont été apportées ensemble à Précigné, en 1712. Nous croyons qu'un autel lui fut dédié, dans la chapelle agrandie des Parillés, à l'époque où on dédia à saint Ménelé et à lui, un autel dans la chapelle du seigneur, bâtie dans l'église paroissiale de saint Pierre.

La chapelle de saint Ménelé a survécu à bien des révolutions. Les horreurs de la guerre civile l'ont respectée. En 1793, plusieurs combats eurent lieu dans le pâtis des Parillés. Un témoin oculaire nous l'a attesté.

Il y a peu d'années, ce monument élevé par la piété de nos ancêtres, fut réparé et enrichi d'un calice, d'ornements. Honneur au bienfaiteur si bien inspiré!

Chaque année, aux jours des Rogations, la procession de paroisse, s'y rend nombreuse. On y célèbre solennellement la sainte Messe.

Cet antique pèlerinage de l'Anjou, continue d'être fréquenté. Les prêtres du voisinage, y vont célébrer la sainte Messse, réciter des évangiles. Les familles aiment à s'y réunir. Saint Ménelé veille à la conservation de leurs enfants. A Précigné, on raconte, à cet endroit des traits les plus frappants. Dans les maladies, bien vite de recourir à ce saint protecteur. Sa chapelle est considérée comme une bonne place. Effectivement quand on y a fait avec foi ses dévotions, en sortant on éprouve un contentement secret que la religion seule peut expliquer.

Le 22 juillet 1869, eût lieu une translation de quelques reliques de saint Ménelé, de l'église paroissiale de Précigné, à la dite chapelle. Le reliquaire qui les renfermait, placé sur un brancard richement orné, fut porté au sortir de l'église, par deux chanoines du Mans, tous deux enfants de Précigné. Un clergé nombreux, les enfants des écoles portant des oriflammes, la foule en habits de fête, les chemins du parcours ornés de feuillage, donnaient à cette fête de paroisse un aspect vraiment ravissant. Qu'il était édifiant d'entendre pendant la procession, et à la campagne, les habitants de Précigné, répéter avec amour et en chœur, ce refrain d'un cantique composé pour la circonstance.

Chantons les combats et la gloire
D'un de nos illustres aïeux,
Il a remporté la victoire,
Il est couronné dans les Cieux.

La Messe fut célébrée dans la chapelle, au milieu d'une assistance recueillie. Ensuite un sermon fut prêché, en dehors de la chapelle, à la foule nombreuse, qui n'avait pu y pénétrer. Après quoi chacun prit le chemin de sa demeure, dans des directions différentes, remerciant Dieu d'une si bonne journée. Avant de se séparer, plusieurs familles s'assirent par groupe sur le gazon, pour dépenser les petites provisions qu'elles avaient eu soin d'apporter selon l'usage. Ainsi fut fêté saint Ménelé ce jour-là.

CHAPITRE XVIII

Statue de saint Ménelé dans l'église actuelle de Précigné.

Lorsqu'il y a peu d'années, on agrandit l'église actuelle de Précigné, on dédia un des petits autels à saint Martin, évêque de Tours. Ce fut une heureuse idée de rappeler le patron de la première église de Précigné, de l'antique chapelle de saint Martin sur la place dite de la Florenterie, et détruite en 1794.

A côté de la statue de saint Martin, on plaça celle de saint Ménelé. N'eût-il pas été convenable de placer du côté opposé, la statue de saint Savinien ?

Ménelé et Savinien, ces deux enfants de Précigné, furent initiés, croyons-nous, aux principes de la religion, par les moines qui desservaient l'église de Saint-Martin. Un diplôme de Charlemagne assure que longtemps avant lui, les moines de Marmoutiers possédaient ladite chapelle. Il nous semble que les statues de nos deux compatriotes, eussent accompagné merveilleusement celle de l'évêque de Tours, qui, par ses disciples leur avait montré le chemin du ciel. Ne serait-il pas édifiant pour les habitants de Précigné de voir représentés dans leur église deux saints, nés à Précigné, où ils passèrent une partie de leur vie, et où leurs reliques arrivèrent ensemble, comme il a été dit.

CHAPITRE XIX

Résumé des motifs qui établissent la légitimité du culte rendu à saint Ménelé.

Quand saint Ménelé rendit le dernier soupir, au milieu de ses religieux attristés, on entoura ses restes mortels d'amour et de vénération. Le monastère qui avait été témoin de tant de vertus héroïques, acclama avec transport la sainteté de celui qui avait relevé ses murs. Après l'avoir aimé comme un père, l'avoir admiré comme un modèle, ces pieux cénobites le prièrent comme un ami de Dieu, comme un protecteur. Ils déposèrent son corps dans l'église qu'il leur avait bâtie. Le monastère prit le nom de monastère de saint Ménelé; et sur le sceau de cette communauté, on grava l'image du saint Abbé. (*Voir les procès-verbaux qui précèdent.*)

Cette canonisation spontanée ne rencontra aucune contradiction.

Le culte rendu à la mémoire de saint Ménelé, est fort ancien : *Cultus Menelei valde antiquus*, disent les Bollandistes, *in vitâ Menelei*. Des églises, des chapelles, s'élevèrent en divers lieux, en son honneur ; la chapelle de saint Ménelé à Précigné, et le pèlerinage qui s'y fait remontent à des temps éloignés. La ville de Montluçon, en Bourbonnais, lui bâtit une église ; et de nos jours encore, une chapelle dédiée à saint Ménelé, est attenante à l'église paroissiale de cette ville. (Le 4 août 1873, M. le curé de Montluçon nous le certifia.)

La mémoire de saint Ménelé a toujours été en singulière vénération, dans l'Auvergne et dans l'Anjou (on sait que Précigné fut distrait de l'Anjou, en 1801. (1).

---

(1) Un bon curé d'Anjou, nous a assuré que la mémoire de saint Ménelé n'a point été placée dans le propre actuel des Saints du diocèse d'Angers, parce que Précigné faisant actuellement partie du diocèse du Mans, saint Ménelé appartient à ce diocèse.

Cette raison n'a pas empêché Pie IX d'approuver la légende qui donne l'Anjou pour patrie à saint Ménelé, par droit de naissance : *Andegavi natus*.

Dans ces contrées, les reliques du saint Abbé n'ont pas cessé d'être honorées, et d'être exposées à la vénération des fidèles. Les Évêques en renouvellent les titres : Les seigneurs de la contrée, se sont fait gloire de porter le nom de Ménelé, on peut citer : J.-B. Ménelé Colbert, marquis de Torcy, de Sablé. Les familles chrétiennes donnent pour patron à leurs enfants saint Ménelé en qui elles ont confiance.

Les bréviaires particuliers de Clermont, de Bourges, d'Angers, célébrèrent la mémoire de saint Ménelé. Dans le bréviaire de Bourges, on lisait : *commemoratio sancti Menelei abbatis Menatensis, circà annum* 720.

C'est ce que nous a attesté M. Ducros, curé-doyen de Châteauneuf-sur-Cher, le 22 septembre 1876.

A ces témoignages, joignons celui des historiens les plus graves, qui ont consacré leurs veilles et leurs labeurs à publier les vertus éminentes de saint Ménelé. Nous citerons entre autres, Mabillon, les Bollandistes, Baillet, Bulteau, Lecointe, Labbe, l'Art de vérifier les dates, Godescard, les Annales Bénédictines, l'Histoire de l'Église gallicane, etc., etc. Ces écrivains étaient-ils des esprits bornés? Ignoraient-ils les lois de la saine critique? N'ont-ils vu dans saint Ménelé qu'un personnage de roman? Qu'un moine aventurier? Oh non, et mille fois non. Ils ont interrogé le passé, en ont étudié attentivement les faits, leur valeur, leurs titres, et ont uni leur voix, à la voix des siècles, pour proclamer la saintété de Ménelé. Venons à l'autorité des martyrologes : Celui d'Usuard qui, au IXe siècle, fut dédié à Charles le Chauve; celui de Labbe, le martyrologe gallican ; le martyrologe romain, dont l'autorité seule doit suffire, tous font mention de saint Ménelé, au 22 juillet.

Quand il y a assez peu d'années, la liturgie romaine reparut dans le diocèse de Clermont, la sainte Congrégation des rites, approuva le propre des SS. du diocèse, dans lequel on fait mémoire, et on lit la légende de notre saint Abbé Ménelé, le 22 juillet, jour de la fête de sainte Marie-Madeleine. Nous en donnons ci-après la copie, telle que nous l'a certifiée véritable M. le curé de Menat, le 19 juin 1869.

Die XXII julii.

In festo S. Mariæ Magdalenæ,

Sancti Menelei confessoris

Commemoratio.

Oratio : *intercessio.* (Au commun d'un abbé.)

Lectio IX

Meneleus, nobili, aut etiam, ut fertur, regio semine, Andegavi natus est. Annum vix agens septimum, castitatem vovit. Quapropter, nuptios quas pater præparaverat declinaturus, in Arverniam clam se contulit. Cum ei aliquando occurrisset Odo, primus Calmaliensis Monasterii abbas, ipsum cum duobus sociis Saviniano et Constantino secutus est. Post septem annos, ad Arvernos reversi sunt, munusque Menatensis Monasterii instaurandi susceperunt. Reparato et amplificato monasterio, illud sanctus Bonitus, Arvernensis episcopus in honorem Salvatoris, et Beatæ Mariæ Virginis dedicavit. Genesius autem comes, qui tunc temporis in villâ Combronitâ (*Combronde*) *morabatur, idem monasterium donavit prædio Meneleus fratrum regimini præpositus, cum eos diù et exemplis et monitis informasset, jàm moriturus eos ad pacem et charitatem hortabatur. Obiit undecimo kalendas Augusti; eique successit Savinianus.*

Ainsi quand les traditions les plus vivantes; les monuments les plus incontestables, quand douze siècles établissent la légitimité du culte rendu à saint Ménelé; quand l'Église de Jésus-Christ protége de son autorité; quand le Saint-Siége sanctionne, autorise, des hommages solennels, publics et non interrompus, rendus à la sainteté de notre bienheureux compatriote, nous n'avons qu'à nous incliner et à nous écrier, avec un saint orgueil: Rome a parlé, la cause est finie; saint Ménelé a droit à nos hommages.

Nous supplions très-humblement le révédissime évêque du Mans de ne pas refuser, *positis ponendis,* à un saint de notre pays, et dont l'histoire est si solidement établie, ce qu'on a accordé dernièrement à une simple bienheureuse; à la bienheureuse Marie-Jeanne de Maillé, dont le culte ne fait que de naître, pour ainsi dire.

Le 23 mars 1872, Mgr Fillion s'associant au culte naissant de la bienheureuse Marie-Jeanne de Maillé, écrivait :

« Si la sollicitude des Saints est universelle,

« si elle s'étend à tous ceux qui les prient,
« elle a néanmoins quelque chose de plus
« tendre pour les contrées où ils ont vécu;
« pour les lieux où ils se sont sanctifiés,
« pour les enfants de ceux qui furent leurs
« amis, etc. »

Ces paroles d'un pontife vénéré ne conviennent-elles pas admirablement à saint Ménelé qui est né à Précigné, qui y passa une partie de sa vie; qui y a laissé tant et de si précieux souvenirs!

CHAPITRE XX

Introduction du culte de saint Ménelé dans le propre des Saints du diocèse du Mans. — Conclusion.

Dans le mois d'octobre 1876, avant son départ pour Rome, Mgr d'Outremont, évêque du Mans, présidait un jour une réunion du chapitre de sa cathédrale. Un membre de l'assemblée crut trouver l'occasion favorable de réclamer l'introduction de la mémoire de saint Ménelé, dans le propre des Saints du diocèse.

Ce chanoine né à Précigné, plaidait la cause d'un compatriote, d'un saint du pays, qui, comme il a été démontré, a tant de droits à la vénération des fidèles.

Mgr d'Outremont accueillit cette demande avec une bienveillance, dont le brave chanoine fut aussi heureux, qu'il sera à toujours reconnaissant, et en son nom, et en celui des habitants de Précigné. Il va sans dire que le vénéré évêque, n'acceptait la bienvenue de ce saint protecteur, que *positis ponendis*.

Le Chapitre adjoignit sa voix à celle de son digne évêque : tous acceptèrent la mémoire de saint Ménelé; mais sans sa légende pour IXe leçon. Les jours suivants, dans une nouvelle réunion du Chapitre, il fut donné lecture des motifs qui établissent la légitimité du culte rendu à saint Ménelé. Pour se procurer une surabondance de témoignages, on en écrivit à Monseigneur l'évêque de Clermont, dans le diocèse duquel Pie IX autorisa, il y a quelques années le culte de saint Ménelé. Sa Grandeur, avec une exquise complaisance, chargea M. Beaureger son grand vicaire, de nous répondre. Celui-ci s'empressa de s'acquitter de ce qu'il appelait son agréable mission. Dans sa sagesse, il ne pouvait mieux attester l'existence du culte de saint Ménelé, dans le diocèse de Clermont, qu'en nous expédiant les pièces justificatives et authentiques qui en font foi. C'est ce qu'il fit avec une bonne volonté dont les enfants de saint Ménelé, lui sauront gré. Sa lettre est datée du 30 octobre 1876.

Les susdites pièces, qui ont été déposées aux archives du Chapitre du Mans, sont :

1° Une attestation en forme d'ordonnance, munie du sceau de Monseigneur l'évêque de Clermont.

2° La copie imprimée du bref de la Congrégation des rites, approuvant le propre des Saints du diocèse de Clermont, dans lequel est consignée la mémoire de saint Ménelé.

3° Une copie de la légende de saint Ménelé.

Toutes ces pièces furent communiquées à qui de droit. Monseigneur l'évêque du Mans les porta à Rome, avec les motifs qui établissent la légitimité du culte rendu à saint Ménelé.

La cause de cet enfant de Précigné, était gagnée ; il ne pouvait plus y avoir de difficulté. Les circonstances étant identiques, il n'y avait point à redouter que le Saint-Siége refusât au Mans, ce qu'il avait accordé à Clermont. Aussi par le bref suivant daté du 22 novembre 1876, et au nom de Pie IX, la sainte Congrégation des rites, accorda-t-elle, au révérendissime évèque du Mans, la faculté d'introduire dans le calendrier de son diocèse, la mémoire de saint Ménelé, abbé.

Copie du Bref de la sainte Congrégation des rites, approuvant la mémoire de saint Ménelé, dans le propre des Saints du diocèse du Mans.

Cenomanen.

« Sanctissimus dominus noster Pius Papa IX, referente subscripto sacrorum rituum Congregationis Secretario, attentis expositis a Reverendissimo domino Hectore Alberto Chaulet d'Outremont, episcopo cenomanensi in Curiâ præsenti, hæc quæ sequuntur variationes et additamenta in Kalendario diœcesano concedere dignatus est, nimirùm :

1. « Ut die 10 februarii, festum sanctæ Scholasticæ virginis, civitatis cenomanen, patronæ, elevari valeat ad ritum duplicis majoris pro totâ diœcesi.

2. « Ut die 11 festum translationis ejusdem sanctæ, e ritu duplici minori elevari valeat pro totâ diœcesi, ad ritum duplicis secundæ classis.

3. « Ut die 22 julii fiat commemoratio, attamen sine IX lectione et orationibus, de communi abbatum, sancti Menelei, abbatis.

Nous passons sous silence, plusieurs autres autorisations que le même bref accorde à Monseigneur l'évêque du Mans.

Le Bref se termine par ces mots : Contrariis nonobstantibus quibuscumque.

Die 22 nov. 1876.

CAMILLUS, card. di Pietro.

plac. Balli.

S. R. C. Secretarius.

Loco † sigilli.

CONCLUSION

Ainsi saint Ménelé, jusqu'alors peu connu dans le diocèse du Mans, y paraît avec tous les titres glorieux d'une sainteté la plus incontestable !

« Chers habitants de Précigné, vous ne serez plus seuls à prier un saint qui vous a protégés tant de fois. Toutes les églises du diocèse du Mans, au jour de sa fête, uniront désormais leurs voix aux vôtres : ô comme ce pieux concert de prières, devra encourager votre zèle, et ranimer votre confiance en saint Ménelé.

« Jeunes élèves du Petit-Séminaire, permettez à un de vos aînés, de vous crier : entourez de vos hommages, un protecteur que le ciel a placé près de vous. Quand il vous sera donné, de diriger vos joyeuses promenades vers le champêtre oratoire des Parillés ; chantez-y les louanges du saint patron, il bénira vos études, encouragera vos succès, et vous affermira dans l'esprit de foi qui fait votre gloire et celle de votre maison.

« Pour nous qui traçons ces lignes, nous nous rappelons avec bonheur, les jours de notre enfance, où pendant les processions des Rogations, on entendait les échos des campagnes de Précigné, répéter l'invocation adressée à saint Ménelé. Dans la chapelle de ce saint protecteur, cette invocation avait quelque chose de saisissant. On eût dit saint Ménelé présent (1).

« Aujourd'hui, nous ne serons pas moins

---

(1) On suivait alors à Précigné le rit angevin, qui ne disparut que vers l'année 1820.

heureux, de voir cet enfant des Parillés, connu et vénéré dans l'Église du Mans. Il nous sera bien doux, encouragé par l'Église notre mère, d'adresser à notre bien-aimé compatriote, surtout dans les jours que nous traversons, ce cri du cœur : ce refrain d'amour et de confiance filiale :

Sancte Menelce, ora pro nobis.

CHAPITRE XXI

Litanies de saint Ménelé. — Prières. — Cantique.

LITANIES DE SAINT MÉNELÉ

Seigneur ayez pitié de nous.
Jésus-Christ ayez pitié de nous.
Père céleste qui êtes Dieu, ayez pitié de nous.
Fils Rédempteur du monde qui êtes Dieu, ayez pitié de nous.
Esprit-Saint qui êtes Dieu, ayez pitié de nous.
Trinité sainte qui êtes un seul Dieu, ayez pitié de nous.
Saint Ménelé, modèle d'obéissance, priez pour nous.
Saint Ménelé, prodige de candeur, priez pour nous.
Saint Ménelé, miroir de pureté, priez pour nous.

Saint Ménelé, parfum de piété, priez pour nous.

Saint Ménelé, ami de la prière, priez pour nous.

Saint Ménelé, ami de la paix, priez pour nous.

Saint Ménelé, secours des pauvres, priez pour nous.

Saint Ménelé, contempteur des faux biens de ce monde, priez pour nous.

Saint Ménelé, fleur de la solitude, priez pour nous.

Saint Ménelé, gloire de la vie religieuse, priez pour nous.

Saint Ménelé, modèle d'humilité, priez pour nous.

Saint Ménelé, modèle de patience, et de résignation dans les épreuves de la vie, priez pour nous.

Saint Ménelé, protecteur de l'enfance, priez pour nous.

Saint Ménelé, santé des infirmes, priez pour nous.

Saint Ménelé, refuge des affligés, priez pour nous.

Saint Ménelé, protecteur des campagnes

contre les tempêtes et les orages, priez pour nous.

Saint Ménelé, soutien du faible, priez pour nous.

Saint Ménelé, espoir du pécheur, priez pour nous.

Saint Ménelé, joie du juste, priez pour nous.

Agneau de Dieu qui effacez les péchés du monde, pardonnez-nous, Seigneur.

Agneau de Dieu qui effacez les péchés du monde, exaucez-nous, Seigneur.

Agneau de Dieu qui effacez les péchés du monde, ayez pitié de nous.

Jésus-Christ écoutez-nous.

Jésus-Christ exaucez-nous.

℣. Priez pour nous bienheureux Ménelé.

℟. Afin que nous devenions dignes des promesses de Jésus-Christ.

ORAISON

Nous vous en supplions, Seigneur, que l'intercession du bienheureux Ménelé abbé, nous recommande à votre majesté, afin que nous obtenions par son patronage, ce que nous ne pouvons obtenir par nos mérites. Par Notre Seigneur Jésus-Christ.

Cette oraison est celle qu'on trouve dans le bréviaire au commun d'un abbé; et que Pie IX vient d'autoriser, dans le diocèse du Mans, pour la mémoire de saint Ménelé.

PRIÈRE A SAINT MÉNELÉ

A l'usage des petits enfants

Illustre Ménelé, ô vous qui dès l'âge le plus tendre, avez embaumé notre pays du parfum des vertus les plus pures, ne refusez pas à de petits enfants qui vous aiment le secours de votre puissante protection. Dirigez nos pas dans le chemin de la vie; soutenez notre faiblesse ; éloignez de nous les dangers. Obtenez-nous la faveur de croître en âge et en sagesse, d'aimer et de servir toujours le bon Dieu, et de mériter de nous réunir, un jour, à vous dans le ciel. Ainsi soit-il.

ALIA ORATIO

Omnipotens sempiterne Deus, qui Beatum Meneleum cœlestis gratiæ rore præventum in villâ Præsciniacâ florescere voluisti; ejus precibus et meritis concede, ut quem concivem veneramur in terris, intercessorem habere mereamur in cœlis Per dominum, etc.

CANTIQUE A SAINT MÉNELÉ

Traduction, en partie du moins, de l'hymne Iste Confessor.

La terre avec transport célèbre les louanges,
De l'humble Ménelé, qui triomphe en ce jour :
Pour lui plus de combats, aux doux concerts des [Anges,]
Il entre radieux, au céleste séjour.

*
* *

Sa vertu fut toujours, simple, prudente, pure;
Sobre, aimable, pieux, modèle de candeur,
Il conserva son âme, et belle et sans souillure,
Tant qu'un faible soupir, fit palpiter son cœur.

*
* *

Le nom de Ménelé, c'est un nom d'espérance,
Il répand le doux calme en un cœur agité :
L'infirme implore-t-il sa puissante assistance,
Il recouvre soudain, la force et la santé.

*
* *

Ne cessons d'exalter, dans nos chants d'allégresse,
La gloire et les bienfaits de ce saint confesseur,
En retour sa prière, unie à sa tendresse,
Nous obtiendront du ciel, les dons et la faveur.

*
* *

Illustre Ménelé, vous fûtes dès l'enfance,
De nos humbles hameaux, l'ornement et l'appui :
Précigné ! Vous l'aimez, il vous donna naissance :
Ne l'oubliez jamais ! Priez, priez pour lui...

*
* *

Éloignez de nos champs, la tempête, l'orage ;
Le souffle corrupteur de l'incrédulité :
Faites que vos enfants préservés du naufrage,
Entrent un jour, au port de l'immortalité.

SUPPLÉMENT AU CHAPITRE III

Récits populaires recueillis à Précigné.

Aux pieds de la statue de saint Ménelé, dans la chapelle des Parillés, l'artiste a représenté un lapin. Quel fait a-t-il voulu rappeler? que signifie cette image?

Aux statues des Saints, fréquemment sont adjoints des objets qui rappellent quelque particularité de leur vie, ou quelques miracles opérés par eux. Ainsi la biche est l'inséparable appendice de la statue de saint Gilles; parce que, dit l'histoire, cet animal le nourrit de son lait, pendant plusiers années, dans une forêt déserte. On représente saint Roch, accompagné de son chien légendaire. On se demande aussi pourquoi on a placé un lapin aux pieds de la statue de saint Ménelé? Je n'en trouve l'explication que dans la naïve histoire qu'on raconte à Précigné.

La voici dans toute sa simplicité :

PREMIER RÉCIT POPULAIRE

Un jour le seigneur de la Bellangerie, (1) mécontent des dégâts que causaient à ses moissons et à ses champs, les lapins des bois et des garennes des Parillés, va trouver Ménelé, et se plaint à lui du tort que lui causent de si nombreux et si importuns voisins. Comme nous l'avons dit, Ménelé était souvent chargé par son père de régler les affaires de sa maison. Ce sage jeune homme dans la circonstance présente, s'efforça d'étouffer jusqu'à la moindre étincelle de la division, et de conserver la paix d'un bon voisinage. Il est affligé des dévastations qu'on lui signale : il espère avec l'aide de Dieu pouvoir les faire cesser.

Le seigneur de la Bellangerie, se retire, et va attendre dans son manoir, l'accomplissement de la promesse de son jeune et excellent voisin.

Ménelé a recours à la prière, selon sa

(1) Maison seigneuriale située dans le voisinage des Parillés.

coutume. Comme saint François d'Assise, dans des temps plus rapprochés, Dieu lui inspira-t-il la pensée de commander aux animaux sans raison, et de s'en faire obéir? Le récit suivant nous l'indique assez : Un jour Ménelé va se promener à la campagne, il parcourt les bois et le voisinage des garennes des Parillés : il lui vient à la pensée de satisfaire pleinement le seigneur de la Bellangerie, et d'un ton inspiré il rompt le silence de la solitude.

Sa voix par l'écho reproduite,
Transmet aux lapins de ces lieux :
L'ordre de sortir au plus vite,
De leurs antres mystérieux.

*
* *

Soudain ce peuple se réveille,
Sort de ses trous comme affolé :
Et vient piteux, baissant l'oreille,
Se ranger près de Ménelé.

*
* *

Comme un berger, ce noble guide,
D'une baguette arme sa main ;
Et conduit ce troupeau timide
Dans la cour du vieux châtelain.

*
* *

Seigneur, fit-il, plus de colère,
Disposez de ces malheureux :
Un seul absent reste en arrière,
Excusez-le, c'est un boiteux.

*
* *

Regardez là-bas, dans la plaine,
Il est fidèle au rendez-vous :
Il vient trottinant avec peine,
Dans un instant il est à nous.

*
* *

RÉFLEXION DU NARRATEUR

Du baron que faut-il en croire,
Fut-il sans pitié, sans merci ?
Nous avons consulté l'histoire
Elle se tait..... et nous aussi.

SECOND RÉCIT POPULAIRE

Ménelé n'était pas seulement le fils de la paix, comme le dit l'Évangile, *filius pacis*, il était encore le protecteur de la veuve et de l'orphelin; il n'aimait de la grandeur, que le pouvoir de soulager les pauvres. Entre autres traits de ce genre, on raconte le suivant :

C'est une mère en proie, aux plus vives alarmes;
Dans un réduit obscur, elle entend ses enfants,

Lui demander du pain : elle n'a que des larmes
A donner en réponse, à leurs cris déchirants.

***

Vers le ciel, elle élève un regard d'espérance,
Un nom cent fois béni, vient soulager son cœur :
Le jeune Ménelé, soutien de l'indigence.
N'est-il pas du pays, l'ange consolateur?

***

C'est assez : elle part, pâle, triste, tremblante,
Va dire aux Parillés, l'excès de son malheur,
Du serviteur de Dieu, la voix compâtissante,
A bientôt adouci, sa cruelle douleur,

***

Consolez-vous, fit-il, ô pauvre et tendre mère,
Le ciel, de l'indigent écoute les soupirs :
Retournez sans tarder à votre humble chaumière,
Le bon Dieu, je l'espère a comblé nos désirs.

***

Cette mère rejoint sa cabane enfumée,
Où l'attend dans les pleurs sa famille affamée :
Soudain qu'aperçoit-elle, à l'ombre dans un coin,
Sa huche qui s'entr'ouvre, offre à pleins bords du pain.

AUTRE RÉCIT POPULAIRE

Le père de Ménelé le chargea de faire construire une petite maison de campagne à peu de distance des Parillés. Voici ce qu'on a raconté dans le pays, à cette occasion.

Le jeune Ménelé faisait dit-on construire,
Dans je ne sais quel lieu, de difficile accès :
La pierre qu'avec peine, on y pouvait conduire,
Des travaux entrepris, retardait le succès.

*
* *

Quand quelque voiturier, sans charge et sans bagage,
Paraissait : Ménelé le priait sans façon,
De prendre quelques blocs, gisants sur son passage,
Et de les déposer, plus loin sur le gazon.

*
* *

Un fermier peu courtois, aux airs d'indépendance,
Passant un jour, tout près des murs de Parillé,
Fit à son conducteur la formelle défense,
D'accéder aux désirs du jeune Ménelé.

*
* *

S'il t'arrête, dis-lui, mon maître en sa voiture,
Dort d'un profond sommeil, le troubler je ne peux ;
Je suis vraiment fâché, seigneur, je vous l'assure,
D'opposer forcément un refus à vos vœux.

*
* *

Mais voici Ménelé... Chacun des deux s'apprête,
A tromper de son mieux, le jeune châtelain :
L'un semble être endormi dans sa lourde charrette,
Et l'autre en son refus, affecte un air chagrin.

*
* *

Ménelé s'aperçoit du plaisant artifice,
Il dit au conducteur : pardonne-moi le tort,
D'avoir compté sur toi pour me rendre un service,
Excuse, ô mon ami, c'est vrai ton maître dort.

*
* *

Le Saint rentré chez lui..... le serviteur s'empresse,
D'interpeller son maître, et de rire aux éclats,
Soudain à la gaîté succède la tristesse,
Le maître était passé de la vie au trépas.

*
* *

Le jeune conducteur, pleure, se désespère,
Il court de notre Saint implorer la pitié,
Ménelé se prosterne, il prie, à sa prière
Le Ciel rend au défunt, la vie et la santé.

TABLE

Pages

IMPRIMATUR :

† HECTOR, Év. du Mans.

LE MANS. — IMP. LEGUICHEUX-GALLIENNE.

A LA MÊME LIBRAIRIE

L'ÉGLISE DU MANS DURANT LA RÉVOLUTION, Mémoires sur la persécution religieuse à la fin du XVIIIe siècle, complément de *l'Histoire de l'Église du Mans*, par le R. P. Dom Paul Piolin, bénédictin de la Congrégation de France, 4 vol. in-8° brochés . . . . . . [illegible] »

HISTOIRE DE L'ÉGLISE DU MANS, par le R. P. Dom Paul Piolin, bénédictin de la Congrégation de France, 6 vol. in-8° brochés . . . . . . 40 »

MÉMOIRES SUR LA RÉVOLUTION, LE PREMIER EMPIRE ET LES PREMIÈRES ANNÉES DE LA RESTAURATION, par Jacques-Pierre Fleury, publiés et annotés par le R. P. Dom Paul Piolin, 1 vol. in-8° broché . . . . . . 6 »

RECHERCHES SUR LA CATHÉDRALE DU MANS, par M. l'abbé P., 1 vol. in-8° . . . . . . 3 »

VIE DE M. MARQUIS-DUCASTEL, doyen-rural d'Evron et du Sonnois, curé de Sainte-Suzanne et de Marolles-les-Braults, par M. l'abbé Pichon, chanoine, secrétaire de l'Evêché du Mans, 1 vol. in-8° broché . . . . . . 3 »

CHRONIQUES DE FRESNAY, Assé-le-Boisne, Douillet, Montreuil-le-Chétif, Saint-Aubin-de-Locquenay, Saint-Georges-le-Gaultier, Saint-Léonard-des-Bois, Saint-Ouen-de-Mimbré, Saint-Paul-le-Gaultier, par A. Le Guicheux, ex-président du comice agricole de Fresnay, 1 vol. in-8° broché . . . . . . 6 »

MÉMOIRES DE RENÉ-PIERRE NEPVEU DE LA MANOUILLÈRE, chanoine de l'Église du Mans, publiés et annotés par l'abbé Gustave Esnault, pro-secrétaire de l'Evêché, secrétaire de la société Historique et Archéologique du Maine, 2 vol. in-8° brochés . . . . . . 12 »

NOTICE SUR LE GRÉEZ, Saint-Georges-Butavent et la Chapelle-aux-Riboul, par J.-B. Almire Bernard, 1 vol. in-8° . . . . . . 2 »

www.ingramcontent.com/pod-product-compliance
Ingram Content Group UK Ltd.
Pitfield, Milton Keynes, MK11 3LW, UK
UKHW012045240726
13965UKWH00003B/1062

9 782013 040587